세계의 소스
Sauces

양향자 · 한임자 · 전윤자 · 지영스님 · 강계숙 · 마은희 · 배명순

㈜지구문화
JIGU CULTURE Co.Ltd

머리말

사람이 살아가는데 절대 필요한 것이 의식주(衣食住)이며, 그 중에서도 식(食)은 충분한 영양을 섭취하여 우리의 건강을 유지하고, 식도락의 즐거움을 맛 볼 수 있는 것입니다.

우리는 음식을 먹을 때 맛(味)뿐만 아니라 색(色)과 향(香), 그리고 아름다움(美)까지 즐기게 됩니다. 따라서 같은 음식이라도 어떤 재료로 어떻게 음식을 만드는가는 대단히 중요합니다. 오늘날에는 문화가 발달하고 다양한 음식이 개발되면서 잘 만들어진 기본음식에 어떤 소스를 곁들여 먹느냐에 따라 맛과 분위기가 확 달라짐을 느낄 수 있습니다.

소스(Sauce)라는 단어는 라틴어로 '소금'을 뜻하는 단어 'salsus'에서 유래되었는데, 음식에 있어 풍미를 증진시키거나 식재료가 가지고 있는 자체의 식감을 증가시켜 식욕을 돋우는 역할을 하며, 주재료에 따라 그 고유의 맛을 강화, 대조 및 보완을 시킴으로써 최종적으로 맛을 향상시키는데 그 목적이 있습니다.

채소, 과일, 어패류, 그리고 오일류 및 허브 등의 주재료를 이용한 소스는 요리를 만드는 요리사로 하여금 주어진 재료의 맛을 더 풍부하고 다양하게 만들며, 소스의 색, 향, 맛과 빛깔로 인해 아름다움을 더해 오감(五感)을 만족시켜 주는 것이 소스를 이용하는 최종적인 즐거움이라고 할 수 있을 것입니다. 시각적인 모양만으로도 그 음식이 어떻게 만들어졌는지, 어떤 색과 향, 그리고 맛과 멋을 낼 것인지를 예측하여 기대감을 향상시킬 수 있는 역할까지 수행하고 있다.

이 책 제1편에서는 소스의 이해를 돕고, 제2편에서는 아시아식, 양식, 퓨전, 일식, 한식 및 중식 등 세계의 소스를 망라하여 다룸으로써 세계 각국에서 현재까지 개발된 소스를 소개하였으므로 조리사뿐만 아니라 음식을 하는 사람들에게 큰 도움이 되리라 기대해 맞이 않습니다.

세계의 요리책을 탐독하고 모든 소스를 연구 및 시현해온 선후배 교수님들과 공저자들의 수고에 감사드립니다. 아울러 이 책이 햇빛을 보기까지 애써주신 (사)세계음식문화연구원 및 (주)지구문화 임직원의 노고에도 심심한 감사의 말씀을 드립니다.

기해년 성하에

양향자, 한임자, 전윤자, 지영스님, 강계숙, 마은희, 배명순

차례

PART I 소스의 이해

Chapter 1 소스의 개요 및 종류

Chapter 2 육수 및 5대 모체 소스

Chapter 3 향신료 용어

PART Ⅱ 세계의 소스

아시아식

양식

차례

퓨전

일식

차례

한식

중식

제 1 부

PART Ⅰ 세계의 소스

Chapter 1

소스의 개요 및 종류

1. 개요

소스(Sauce)라는 단어는 라틴어로 '소금'을 뜻하는 단어 'salsus'에서 유래되었다. 음식에 있어 풍미를 증진시키거나 식재료가 가지고 있는 자체의 식감을 증가시켜 식욕을 돋우는 역할을 한다. 주재료에 따라 그 고유의 맛을 강화, 대조, 보완 등을 통해 대치시킴으로써 최종적으로 맛을 향상시키는데 그 목적이 있으며 요리를 만드는 요리사로 하여금 주어진 재료의 맛을 더 풍부하고 다양하게 만든다.

소스에 사용되는 주 재료인 채소나 과일을 이용하여 그 색감이나 빛깔로 인해 시각적인 아름다움을 더해주는 것이 소스의 최종적인 즐거움이라고 할 수 있을 것이다. 시각적인 모양만으로도 해당 음식이 어떻게 만들어졌는지, 어떤 맛을 낼 것인지를 예측하여 기대감을 향상시킬 수 있는 역할 또한 수행하고 있는 것이다.

2. 소스의 종류

1. 간장

간장은 콩을 원료로 하는 조미료로써 다양한 국가에서 만들어지고 있다. 한국 간장은 'Ganjang'으로 불리거나 표기되고 메주를 소금물에 오랜 기간 담가 발효시키는 과정을 통해 만들어지며, 이 과정에서 아미노산이 녹아 감칠맛이 증가된다.

과거 고구려에서는 이러한 장을 특산품 중 하나로 여겼다고 하며, 이 때에는 간장과 된장이 혼합 사용되었을 것으로 추측되고 있다. 조선 시대에는 간장이 소금보다 더 위생적으로 여겨졌으며, 고기를 이용한 육장을 만들기도 했다.

간장은 50 kcal(100g 당)의 열량을 가지고 있으나 한 번에 많이 섭취하지 않아 열량으로 인한 문제점은 없지만 나트륨의 함량이 매우 높아 국에 넣어 먹을 경우 많은 양을 섭취하게 되므로 이를 주의해야 할 필요는 있다.

한국에서 사용되는 간장은 조선간장, 양조간장으로 분류되는 것이 일반적이고 국가에서 제공하는 식품공전 상에는 5가지(양조간장, 혼합간장, 산분해간장, 효소분해간장, 한식간장)로 나누어서 구분하고 있다.

조선간장 (한식 간장, 재래식 간장)은 메주를 띄워 우려낸 부산물을 의미하며 주 원료를 순수한 콩만으로 하므로 짠맛이 강하고 구수한 맛이 더해 국물 요리에 주로 이용한다. 그러나 맛이 깊은 대신 간장이 숙성되는 데에 걸리는 시간이 매우 길고 값이 비싸다. 숙성 정도에 따라서는 청장, 중장, 진장으로 구분하며 숙성시킬수록 그 맛과 색이 진해져 음식에 따라 다르게 사용된다.

양조간장 (개량식 간장)은 일반적으로 흔히 사용되는 간장으로 콩에 보리나 밀을 섞어 누룩(麴菌)을 띄워 제조하는 것으로 숙성 기간이 조선간장에 비해 6개월 ~ 1년으로 짧은 편이다. 본래의 색은 갈색을 띠며, 이것이 산소와 만나게 되면 산화되면서 천천히 검은색으로 변화하게 된다.

(1) 진간장

시간이 오래 되어 진하게 된 간장으로 대부분의 요리에 사용이 가능하다. 다른 간장에 비해 색이 진하고 단맛이 난다.

(2) 국간장 (조선간장)

국의 간을 맞출 때나 색의 부여 또는 풍미를 향상시키고 싶을 경우에 사용한다.

(3) 백간장

가장 옅은 색 (진노랑)을 가진 간장으로 짠맛보다는 단맛이 강하게 나며 맑은 국물을 내는 원료로 사용된다.

(4) 보관 방법

간장은 그늘지고 서늘한 냉암소에 보관하여야 그 신선함과 풍미를 유지할 수 있다.

(5) 추천 요리

1) 볶음밥

재료 : 간장 0.5t, 소금 및 후추 적당량, 취향에 따른 재료(햄, 달걀, 양파 등), 밥(1인분)

만드는 방법

① 재료를 혼합하기 이전 먹기 좋은 크기로 잘라 준다.

② 프라이팬에 식용유를 두르고 열기가 오르면 달걀을 넣고 스크램블한다.

③ 스크램블한 달걀은 우선 꺼내어 다른 곳에 담아 두고, 취향에 따라 고른 재료를 혼합하여 적당히 익을 정도로 볶는다.

④ 밥과 함께 스크램블한 달걀을 넣고 볶다가 간장 및 조미료를 넣고 다시 한 번 볶아 완성한다.

2) 김치찌개

재료 : 김치 70 g, 고추장 0.5t, 미림 0.5t, 간장 0.5t, 참기름 0.5t, 다진 마늘 2t, 육수 0.5C

만드는 방법

① 육수와 함께 김치, 다진 마늘을 넣고 끓어오를 때까지 푹 익혀 준다.

② 고추장, 미림, 간장, 참기름을 넣어 맛이 우러나올 때까지 끓인다.

3) 감자조림

재료 : 감자 1개, 양파 반 개, 미림 0.5C, 간장 및 설탕 1T, 참기름 적당량

만드는 방법

① 감자와 양파는 먹기 좋은 크기로 4등분 혹은 8등분한다.

② 냄비에 참기름을 두르고 ①의 재료를 넣고 볶는다.

③ ②에 미림, 간장, 설탕을 넣고 끓어오르면 약불로 줄이고, 뚜껑을 덮고 푹 졸인다.

2. 식초

식초는 아세토박터 크실리눔(*Acetobacter xyliynum*)이라는 박테리아가 알코올 작용을 하여 아세트산으로 변환되면서 만들어진다.

합성식초와 발효식초로 나눌 수 있는데 합성식초는 빙초산이라고도 한다. 석유에서 인위적으로 분해 · 합성해 만든 강산으로 원액을 사용하진 않는다. 발효식초는 과일이나 쌀 등을 발효시켜 만든 식초로 2가지 발효과정을 거치게 되는데 식초의 원료에 따라 과일식초와 곡류식초로 나뉜다. 곡류식초는 곡유에서 만들어지는 유기산과 아미노산이 풍부하고 과일식초는 유기산이 많다.

(1) 살구 식초

증류식초에 살구씨를 제거한 과육을 넣고 실온에서 한 주 정도 발효시켜 만든 식초다.

(2) 발사믹 식초

발사믹(balsamic)은 이탈리아말로 '향기가 좋다'는 의미로 좋은 향과 깊은 맛을 지닌 최고급 포도 식초를 말한다. 단맛이 강한 포도즙을 나무통에 넣어 목질이 다른 통에 여러 번 옮겨 담아 숙성시킨 포도주 식초의 일종이다. 당도가 10~20도 정도인 품종의 포도로 만드는데 가장 좋은 품종은 트레비아노 포도로 만든 것이다.

발사믹 식초는 숙성기간이 길면 길수록 향기와 풍미가 좋아지는데, 장기간에 걸쳐 숙성시키면 강렬하고 농축된 맛을 낸다.

레드 발사믹 식초는 떫은 맛이 있으며 깊은 맛을 내 드레싱이나 조림용으로 사용하고, 화이트 발사믹 식초는 산뜻한 맛이 강하고 깔끔하므로 절임의 재료에 주로 이용된다. 일반적인 발사믹 식초는 샐러드 드레싱, 생선 등에 많이 사용되며 올리브유에 한 방울 떨어뜨려 빵을 찍어 먹어도 맛이 좋다.

발사믹 식초는 무기한으로 저장이 가능하나 열을 피해 서늘하고 어두운 장소에 보관해야 하며, 침전물이 있을 수 있는데 이것은 자연적인 현상이다.

(3) 샴페인 식초

샴페인으로 만든 이 식초는 향과 맛이 강하지 않고 단맛이 난다.

(4) 증류 식초

알코올을 원료로 한 것으로 아세트산 발효를 시킨 양조식초를 증류해 얻은 식초이다. 휘발성분 산을 추출하여 만들어지기 때문에 상큼한 산미를 가진다.

(5) 레드와인 식초

모든 적포도주로 만들 수 있는 레드와인 식초는 적포도 과즙에 초산균을 넣어 발효시킨 것이다. 약간 떫은 맛이 있으며 향이 강하다.

(6) 레몬 식초

레몬즙으로 만든 레몬 식초는 시트르산이 함유되어 있다.

(7) 몰트 식초

맥아(malt)를 원료로 한 발효식초로 오크통에서 오랫동안 숙성시켜 만든다.

(8) 알코올 식초

알코올을 주원료로 한 발효식초로 초산 함유량이 높고 색이 엷으며 산도가 매우 높다.

(9) 화이트 와인 식초

화이트 와인 식초는 레드와인 식초보다 달며, 더 깨끗한 맛을 지니고 있다. 신선한 채소와 잘 어울리며 산뜻한 맛이 강하고 깔끔하고 가볍다.

(10) 추천 요리

1) 회비빔국수

재료 : 참치 1/2토막, 국수 400g, 오이 1/2개, 상추 50g, 깻잎 10장, 양배추 30g, 무순 1/3팩, 소금 2g

비빔장 재료 : 고추장 2T, 사과식초 2T, 설탕 2T, 맛술 1T, 레몬즙 1T, 다진 파 1t, 다진 마늘 2t, 생강즙 1t

만드는 방법

① 참치는 작은 다이스 모양으로 썬다.

② 오이, 상추, 깻잎, 양배추는 곱게 채 썬다.

③ 냄비에 물을 올려 물이 끓으면 국수를 넣고 소금을 넣어 삶은 후 찬물로 헹궈 물기를 제거한다.

④ 비빔장 재료를 한데 섞어 비빔상을 만든다.

⑤ 그릇에 국수를 담고 비빔장을 올려 완성한다.

2) 오이미역냉국

재료 : 오이 1/2개, 불린 미역 1/2C, 소금 2g

냉국물 재료: 식초 2T, 설탕 1T, 국간장1t, 소금 2t, 물 3C, 깨소금 2g

만드는 방법

① 오이는 껍질째 소금을 이용해 문질러 가며 깨끗이 씻은 후 곱게 채 썬다.

② 불린 미역은 끓는 물에 소금을 약간 넣어 살짝 데친 후 찬물로 헹궈 물기를 뺀다.

③ 냉국물 재료를 모두 섞어 냉국물을 만든다.

④ 모든 재료를 섞는다.

3) 게맛살 오이초밥

재료 : 밥 3공기, 오이 2개, 맛살 5줄, 날치알 1T, 마요네즈 3T, 고추냉이 1t, 소금 2g, 후추 2g

배합초 재료 : 식초 3T, 설탕 2T, 소금 1T, 레몬 즙 1t

만드는 방법

① 밥은 뜨거울 때 배합초와 함께 고루 섞는다.

② 오이는 필러를 이용해 얇고 길게 슬라이스 한다.

③ 맛살은 손으로 가볍게 찢어 마요네즈와 소금, 후추를 넣고 버무린다.

④ 접시에 밥 한 숟가락을 둥근 모양으로 뜬 후 고추냉이를 올리고 슬라이스 한 오이를 돌돌 말아 맛살과 날치알을 올린다.

3. 소금

소금은 염화나트륨, 미네랄, 수분으로 구성되어 있다. 소금의 질을 결정하는 가장 중요한 기준은 바로 미네랄이다. 미네랄은 소금에 소량 함유되어 있지만 우리 몸에서 삼투압 조절, 두통, 아토피 등의 질환을 예방하는 역할을 한다.

좋은 소금은 윤기가 나고 간수가 완전히 빠져 축축한 느낌 없이 보송보송하고 가볍기 때문에 손에 쥐었을 때 묻어나지 않는다. 씹었을 때 '와삭' 소리와 함께 짭조름하면서 뒷맛으로 단맛이 나는 것이 좋은 소금이다.

좋은 미네랄은 체액과 비슷한 구조를 가지고 있는데, 체내에 유익한 미네랄은 천일염에 풍부하게 들어 있다. 보통 3년 정도 간수를 뺀 천일염은 김치와 일반 요리에, 5년 이상 숙성시킨 소금은 삼계탕이나 스테이크 등 찍어 먹는 요리에 사용하는 것이 좋다.

소금에 후춧가루와 통깨를 넣고 함께 갈아 주면 고기 요리에 제격이다. 가지와 같이 단단한 채소를 볶을 때는 미리 소금물에 담갔다가 볶으면 소금을 덜 뿌려도 맛있고 섭취량도 줄일 수 있다.

(1) 시트러스 소금

레몬 오렌지, 라임의 껍질 부분을 첨가해 만든 소금으로 향긋한 향과 어패류 조리할 때 잘 어울리는 소금이다.

(2) 허브 소금

허브 소금은 타임, 후추, 로즈마리, 바질 등 각종 허브를 소금에 첨가한 것으로 육류나 가금류 등에 많이 사용되는 소금이다.

(3) 히말라야 핑크 솔트

히말라야 핑크 솔트는 파키스탄 펀자브 지역에서 생산되는 소금으로 투명한 붉은색이나 핑크색을 띈다. 이 소금은 매우 단단하여 일정한 크기로 가공해 조리용 그릴로 사용하기도 한다.

(4) 리비다 소금

리비다 소금은 이탈리아 시칠리아섬 남쪽 해안에서 생산되며 강한 태양과 아프리카에서 불어오는 바람으로 천천히 건조된 소금이다. 마그네슘과 미네랄이 풍부하며 염화나트륨이 낮아 짜지 않고 은은한 단맛이 있다.

(5) 레드 씨 소금

홍해 소금은 깨끗한 바닷물을 태양열로 자연증발 과정을 거쳐 만들어지는 소금이며 홍해는 세계에서 염도가 가장 높은 바다이다.

(6) 트러플 소금

천일염에 송로버섯을 첨가해 만든 소금으로 입자가 굵고 투명해 트러플의 맛과 향이 일품인 소금이다.

(7) 추천 요리

1) 소금 훈제 쇠고기 스테이크

재료 : 쇠고기(살치살) 400g, 소금 500g, 달걀흰자 1개, 화이트 와인 1/4C, 타임 4줄기, 바질 2줄기, 로즈마리 4줄기, 후추 2g

만드는 방법

① 소금에 달걀흰자, 화이트와인을 넣고 고루 섞어 반죽한다.

② 쇠고기에 후추를 뿌린 뒤 허브를 두껍게 올린다.

③ ②에 ①을 듬뿍 덮는다.

④ 오븐을 210℃로 예열한 후 10분 간 구워낸 뒤 반죽을 걷어낸다.

2) 도미 시트러스 샐러드

재료 : 도미 1마리, 소금 1t, 후추 2g, 자몽청 3T, 레몬즙 1T, 올리브 오일 1T, 돌나물 20g, 유채 20g

만드는 방법

① 도미는 껍질째로 살만 발라 물기를 제거한다.

② 도미 상에 소금을 고루 뿌려 재운다.

③ 자몽청, 레몬즙, 올리브 오일을 섞어 소금, 후추로 간을 하고 드레싱을 만든다.

④ 달군 팬에 식용유를 두른 후 도미를 껍질 쪽부터 앞뒤로 굽는다.

⑤ 돌나물과 유채를 올린 접시에 ④를 담고 드레싱을 곁들여 낸다.

4. 오일과 지방

오일은 상온에서 액체로 점성이 있고, 가연성이며 물에 용해되지 않고 물보다 가볍다. 지방산에는 스테아르산, 팔미트산 등의 포화지방산과 올레산, 리놀렌산 등의 불포화지방산이 있는데, 이러한 글리세리드는 상온에서 액체인 것과 고체인 것이 있다. 일반적으로 액체는 기름, 고체는 지방으로 구별된다.

어류는 불포화지방산이 높고 우육이나 돼지는 포화도가 높다. 오일은 마요네즈나 식초, 감귤류 주스와 같이 신맛이 나는 것은 샐러드 드레싱에 사용되기도 하며 지방은 버터 등으로 루를 만들어 소스의 대체품을 만들기도 한다.

(1) 아몬드 오일

아몬드 오일은 값이 비싸고 수량이 한정되어 있다. 발연점이 높으며 비타민 A와 E의 좋은 급원으로 사용된다.

(2) 살구씨 오일

살구 씨앗을 볶은 후 압축해서 얻는다. 트랜스 지방이 없어 건강에 좋은 오일이다.

(3) 아보카도 오일

아보카도 오일은 미학적으로 좋지 않은 아보카도로 만든다. 발연점이 높아 높은 열 요리에 이용되며 비타민 E를 많이 함유하고 있다.

(4) 카놀라 오일

카놀라는 오일을 판매하기 위해 붙여진 이름으로 밝은 노란색인 평지 작물은 유럽과 북미지역의 많은 곳에 자생한다.

(5) 칠리 오일

매운맛을 얻기 위해 식물성 기름에 흠뻑 적셔진 매운 빨간 고추에서 얻는다.

(6) 코코넛 오일

코코넛 오일은 코코넛의 말린 속살에서 추출한 것으로 실내에서 응고되고 버터 같은 질감을 가지고 있다.

(7) 옥수수 오일

옥수수 알갱이의 배아에서 제조된 것으로 발연점이 높아 튀김을 하기에 가장 알맞은 오일 중 하나이다.

(8) 목화씨 오일

목화씨를 쪄서 압축해 얻은 것이다. 마가린, 경화유 등의 원료로 사용된다.

(9) 엑스트라 버진 오일

산도의 조건, 질, 향 그리고 맛에서 최고의 올리브 오일이다. 샐러드 또는 향을 가장 중요시하는 요리에 사용된다.

(10) 포도씨 오일

와인 제조업의 부산물로 오일의 대부분은 포도씨로부터 추출한 것이다. 매우 약한 맛이 나며 포도맛과 향을 가지고 있다.

(11) 헤이즐넛 오일

구운 헤이즐넛 맛을 내며 일반적으로 빵을 구울 때 맛을 내는 데 사용된다. 헤이즐넛 오일은 생선 위에 살짝 뿌리면 향과 맛이 향상된다.

(12) 마카다미아 넛 오일

마카다미아 나무의 견과류에서 얻은 오일이다. 매우 풍부한 맛과 버터 향을 가지고 있으며 발연점이 높다.

(13) 겨자씨 오일

날것으로 된 오일은 풍미가 있지만 맵기 때문에 조미료처럼 조금씩 사용해야 한다.

(14) 팜 오일

야자수 오일은 매우 높은 포화지방을 함유하고 있어 조금씩 사용하는 것이 좋다.

(15) 피넛 오일

땅콩에서 추출된 것으로 발연점이 높아 튀김에 사용된다.

(16) 잣 오일

샐러드의 양념처럼 사용하면 아주 좋으며 야채를 신선하게 보이는 데 탁월하다.

(17) 펌프킨 시드 오일

호박씨 오일은 구운 호박씨에서 얻은 것으로 강한 맛을 가지고 있다. 샐러드 드레싱으로 적합하며 생선 등에 사용하면 독특한 풍미를 준다.

(18) 쌀 오일

쌀의 씨앗에서 제거된 쌀겨로 제조된 것으로 건강에 매우 좋다. 그 이유는 아주 좋은 비타민과 미네랄, 아미노산, 필수지방산 등이 있기 때문이다.

(19) 참깨 오일

정제되지 않은 참깨씨 오일을 제공하기 위해 씨를 으깰 때 여과된 오일 결과물이다. 담백하고 부드러운 맛이 있으며 한국 요리를 할 때 자주 사용된다.

(20) 콩 오일

마가린, 식물성유 그리고 쇼트닝 등 제조 시 가장 많이 사용된다.

(21) 해바라기씨 오일

해바라기씨는 노란 꽃잎이 둘러싸고 있는 꽃 중앙의 갈색 중심에서 얻는다. 무가염 또는 가염으로 판매된다.

(22) 트러플 오일

엑스트라 버진 올리브 오일과 같이 최상의 오일에 트러플을 넣고 향이 배면 압착해 만든다. 향과 맛이 매우 강하기 때문에 생선, 고기, 파스타 등에 사용 시 몇 방울만 사용한다.

(23) 베지터블 오일

식물성 기름을 정제한 오일로 발연점이 높고 깨끗한 노란색으로 맛이 순하고 아로마 향이 난다.

(24) 호두 오일

빵 제품에 맛을 내고 소스에 사용되곤 한다.

(25) 코코아 버터

코코아씨에서 얻은 크림색의 식물성 지방으로 보통 초콜릿과 코코아 파우더 제조과정 시 부산물처럼 사용된다. 포화지방이 매우 높다.

(26) 라드

돼지고기 지방을 녹인 것으로 부드러운 맛과 좋은 질감을 내기 위해 맑게 한다.

(27) 마가린

버터를 대신하는 지방으로 콩기름과 옥수수기름 같은 식물성 기름으로 만드는데, 다른 음식물의 냄새들을 빨아들이므로 보관할 때 아주 꼭꼭 싸거나 덮어놓는다.

(28) 스위트 버터

크림이 반고체가 되기까지 휘저은 크림으로 제조된다.

(29) 추천 요리

1) 오일 파스타

재료 : 스파게티 면 100g, 건 포르치니 버섯 4개, 마늘 2쪽, 양송이 버섯 1개, 표고버섯 1개, 새송이 버섯 1/2개, 애느타리버섯 1/2개

만드는 방법

① 냄비에 물을 넣고 소금과 파스타 면을 넣어 삶는다.

② 건 포르치니 버섯은 물에 불린다.

③ 마늘은 편 썬다.

④ 팬에 오일을 두르고 마늘을 볶은 후 모든 버섯을 넣어 고루 볶는다.

⑤ 포르치니 불린 물을 넣고 끓이다가 1/2쯤 양이 줄면 삶은 면을 넣는다.

⑥ 소금과 후추로 간한다.

2) 감바스

재료 : 올리브유(엑스트라 버진) 1C, 새우 9마리, 통마늘 15쪽, 페페론치노 6개, 소금 1t, 통후추 1t, 로즈마리 2t, 청주 1t, 후추 1t

① 새우는 꼬리를 제외한 나머지 부분의 껍질을 벗기고 등을 갈라 내장을 손질한다.

② 새우에 소금, 후추, 청주를 뿌려 밑간한다.

③ 통마늘과 페페론치노를 잘게 썰어 준비한다.

④ 팬에 올리브유를 넣고 마늘을 넣어 끓인다.

⑤ 팬에 새우를 넣고 끓인 후 페페론치노를 넣는다.

⑥ 통후추와 소금 및 로즈마리로 간한다.

Chapter 2

육수 및 5대 모체 소스

1. 소스의 육수

1. 쇠고기 육수

재료 : 쇠고기 100g, 양파 1개, 당근 1/2개, 셀러리 1/2개, 통마늘 4쪽, 월계수 잎 2장, 청주 1T, 물 1C

① 볼에 찬물을 넣고 쇠고기를 담가 핏물을 뺀다.

② 냄비에 물을 넣고 핏물을 제거한 쇠고기와 함께 강불에서 끓인다.

③ 양파와 당근, 셀러리는 잘게 썬다.

④ 냄비에 월계수 잎과 정종을 넣어 끓인다.

⑤ 냄비가 끓기 시작하면 약불로 줄인 후 거품을 걷어낸다.

⑥ 약불에서 1시간 정도 더 끓인 후 체에 건더기를 걸러 육수를 완성한다.

2. 닭 육수

재료 : 닭뼈150g (1마리), 양파 1/2개, 셀러리 1/2개, 대파 1/2개, 통마늘 3쪽, 월계수 잎 1장, 통후추 5알, 청주 1T, 물 1C

① 닭뼈에 붙은 지방은 제거한다.

② 냄비에 물을 넣고 강불에서 닭뼈를 살짝 데친다.

③ 양파와 셀러리, 대파는 잘게 자른 후 냄비에 넣어 끓인다.

④ 냄비에 물이 끓기 시작하면 중불로 줄여 20분 동안 더 끓인다.

⑤ 거품을 제거한다.

⑥ 체에 건더기를 걸러 육수를 완성한다.

3. 생선 육수

재료 : 생선 뼈 100g (1마리), 양파 1/2개, 셀러리 1/2개, 통마늘 2쪽, 월계수 잎 1장, 통후추 5알, 청주 1T, 물 1C

① 생선뼈에 붙은 살을 제거한 후 찬물에 넣어 핏물을 제거한다.

② 양파와 셀러리는 잘게 썰어 준비한다.

③ 냄비에 물을 넣고 핏물을 제거한 생선 뼈와 채소를 넣고 강불에서 끓인다.

④ 물이 끓기 시작하면 약불로 줄인 후 육수 위 거품을 제거한다.

⑤ 불을 중불로 올린 뒤 15분간 더 끓인 후 채에 걸러 육수를 완성한다.

4. 채소 육수

재료 : 양파 1개, 대파 1/2개, 당근 1개, 셀러리 1개, 월계수 잎 1장, 물 1C

① 대파는 깨끗이 손질한 후 뿌리를 제거하고 잘게 썰어 준비한다.

② 셀러리는 섬유질과 잎을 제거하여 잘게 썬다.

③ 양파도 깨끗이 손질한 후 잘게 썬다.

④ 냄비에 물을 넣고 준비한 재료를 모두 넣어 강불에서 끓인다.

⑤ 물이 끓으면 약불로 줄인 후 거품을 제거한다.

⑥ 채를 이용해 건더기를 걸러내고 육수를 완성한다.

2. 5대 모체 소스

1. 데미글라스 소스

재료 : 쇠고기 육수 2C, 레드 와인 4T, 밀가루 2T, 토마토 페이스트 3T, 토마토 2개, 통마늘 5쪽, 월계수 잎 2장, 타임 1줄기, 소금 2g, 후추 2g

① 마늘을 슬라이스로 썰고 토마토는 1cm 크기로 잘라 준비한다.

② 냄비에 마늘을 넣고 갈색이 되도록 볶는다.

③ 냄비에 레드와인을 넣은 후 알코올을 제거하고 1/2이 될 때까지 졸인다.

④ 새로운 팬에 기름을 두른 후 밀가루를 넣고 갈빛이 날 때까지 볶는다.

⑤ ④에 토마토와 토마토 페이스트, 쇠고기 육수, 월계수 잎, 타임을 넣고 끓인다.

⑥ ⑤에 ③을 넣고 끓인 후 소금 후추로 간한다.

2. 베샤멜 소스

재료 : 버터 50g, 밀가루 2T, 우유 1/2C, 생크림 4T, 월계수 잎 2장, 소금 2g, 후추 2g

① 팬에 버터와 밀가루를 넣고 중불에서 볶아 화이트 루를 만든다.

② 팬의 온도를 약불로 조절한 후 루의 색이 변하지 않도록 볶는다.

③ 팬에 우유를 조금씩 넣어 섞으며 덩어리를 푼다.

④ 팬에 월계수 잎, 소금 후추, 생크림을 넣고 약불에서 끓인다.

⑤ 체에 걸러 소스를 완성한다.

3. 벨루테 소스

재료 : 닭 육수 2C, 밀가루 2T, 버터 30g, 월계수 잎 1장, 소금 2g, 흰후추 2g

① 팬에 버터와 밀가루를 넣고 중불에서 녹여 볶아 화이트 루를 만든다.

② 온도를 약불로 줄여 루의 색이 변하지 않도록 볶는다.

③ 팬에 닭 육수와 월계수 잎을 넣어 섞으며 덩어리를 푼다.

④ 소금 후추로 간한다.

4. 토마토 소스

재료 : 토마토 2개, 양파 1개, 마늘 2쪽, 꿀 3T, 월계수 잎 2장, 바질 1t, 오레가노 1t, 타임 1t, 올리브 오일 1t, 소금 2g

① 토마토는 열십자 칼집을 낸 후 끓는 물에 살짝 데쳐 껍질을 벗긴다.

② 토마토를 4등분 한다.

③ 양파와 마늘을 깨끗이 손질한 후 곱게 다진다.

④ 냄비에 오일을 두른 후 마늘과 양파를 볶는다.

⑤ 냄비에 토마토를 넣어 으깨며 볶는다.

⑥ 토마토에 물이 나오기 시작하면 월계수 잎과 바질, 오레가노, 타임, 꿀, 소금을 넣고 주걱으로 저어 중불에서 끓인다.

5. 홀렌다이즈 소스

재료 : 버터 300g, 달걀 노른자 2개, 다진 양파 1T, 레몬 주스 1T, 화이트 와인 4T, 파슬리 1줄기, 식초 2t, 소금 5g, 후추 5g

① 팬에 화이트 와인을 넣고 끓여 알코올을 날린다.

② 팬에 양파와 식초, 파슬리 줄기, 후추를 넣고 약불에서 간간히 끓여 양이 1/3이 되도록 졸인다.

③ 버터는 약불에 끓여 정제 버터를 만든다.

④ 볼에 달걀 노른자를 넣고 정제 버터 1t씩 계속 넣어 섞는다.

⑤ ④가 걸죽해지면 ②를 넣어 농도를 조절한다.

⑥ 소금으로 간한다.

Chapter 3

향신료 용어

1. 잎 향신료(Leaves Herb)

(1) 바질(Basil)

동아시아를 원산지로 하는 민트과 1년생 식물로, 이탈리아 및 프랑스 요리에 주로 사용된다. 졸림을 방지하는 효과가 있으며 그 이외에도 두통, 신경과민, 구내염, 불면증 등의 질병에 효과적이다. 또한 진정, 살균 및 수유를 원활하게 하는 효능을 가지고 있다. 바질 오일로써 토마토 요리나 생선 요리에 많이 사용된다.

(2) 월계수 잎(Bay leaf)

지중해 연안과 남부 유럽이 원산지로 특히 이탈리아에서 많은 양이 생산되며 프랑스, 그리스, 터키, 멕시코 등지에 자생한다. 생 잎을 그대로 건조하여 향신료로 사용하며, 단맛과 함께 향긋한 향을 부여한다. 육류, 가금류, 생선 요리 등에 많이 사용되며 스톡이나 소스로도 사용된다.

(3) 처빌(Chervil)

유럽과 서아시아를 원산지로 하는 미나리과의 1년생 풀로, 허브의 하나로써 '미식가의 파슬리'라는 별명을 가지고 있다. 재배 역사가 매우 오래 된 식물 중의 하나로써 파종 후 약 한 달 반 정도만에 수확이 가능하다. 샐러드, 생선요리, 수프, 소스 등에 사용되며 가니시로도 이용된다.

(4) 코리앤더 & 실란트로(Coriander & Cilantro)

지중해 연안에 자생하며 미나리과의 1년생 풀이다. 중국 파슬리, 고수풀이라는 명칭을 가지고 있으며 잎과 줄기만을 지칭하는 말은 실란트로이다. 잎과 씨앗 부분이 향신료로 많이 사용되며 중국이나 베트남, 태국 음식에 주로 이용된다. 샐러드, 육류, 생선, 가금류, 소스, 가니시 등으로 이용된다.

(5) 딜(Dill)

지중해 연안, 서아시아, 이란, 인도 등지에서 자생하는 미나리과의 1년생 풀로 그 길이가 1m 이상 자랄 만큼 생장이 빠르다. 오랜 역사를 가지고 있으며 잎, 줄기를 잘게 썰어 생선 요리에 이용한다. 위장 장애 치료에 효능을 가지고 있는 약초로 생선 요리에 주로 사용한다.

(6) 라벤더(Lavender)

지중해 연안을 원산지로 하는 식물로 30 ~ 60cm 가량의 높이로 자란다. 전체적으로 흰색 털을 가지고 있으며 이러한 털들 사이에 향기를 배출하는 기름샘이 존재한다. 향유(香油) 채취를 위해 재배하며 관상용으로도 이용된다. 진정, 편안함을 유발하는 효능이 있어 향료 식초 등으로 이용된다.

(7) 레몬 밤(Lemon Balm)

지중해 연안을 원산지로 서아시아 · 중부 유럽 · 흑해 연안에서 자생하는 식물로 레몬과 유사한 향을 가지고 있다. 향이 매우 달고 진한 특징을 가진다. 샐러드, 수프, 소스, 오믈렛, 생선/육류 요리 등에 이용된다.

(8) 마조람(Marjoram)

지중해 연안을 원산지로 하는 여러해살이 풀로, 한국에서 재배 시에는 추위에 약해 한해살이 풀로 여긴다. 오레가노와 비슷한 순한 단맛을 가졌으며 요리가 거의 끝날 때 넣어 이용한다. 육류, 가금류, 소스, 가니시 등으로 다양하게 이용된다.

(9) 민트(Mint)

지중해 연안을 원산지로 하는 여러해살이 풀로, 전 유럽에서 재배되고 있으며 꿀풀과의 숙근초에 해당한다. 품종에 따라서 다양한 향과 풍미를 가지고 있다. 정유(精油)의 성질에 따라 페퍼민트, 스피어민트, 애플민트 등으로 구분되고 육류, 빵, 과자, 음료 등에 이용된다.

(10) 오레가노(Oregano)

병충해와 추위에 강한 허브의 일종으로 꽃이 피는 시기가 수확기이다. 독특한 향과 맵고 씁쓸한 맛을 지녀 토마토를 이용한 이탈리아 요리, 특히 피자에 주로 이용된다. 그 이외에도 소스, 파스타, 육류, 생선, 가금류, 오믈렛 등에 이용된다.

(11) 파슬리(Parsley)

세로줄을 가진 미나리과의 2년생 풀로 전체에 아피올이라는 성분을 함유하고 있어 독특한 향기를 가진다. 비타민 A, C, 칼슘, 철분을 가지고 있으며 채소, 수프, 소스, 가니시, 육류/생선요리 등에 이용된다.

(12) 로즈메리(Rosemary)

지중해 연안을 원산지로 하는 다년생 풀로 은녹색 잎을 가지며 보라색 꽃을 피운다. 강한 향기와 살균력을 지니며, 로즈메리에서 얻는 벌꿀은 최고의 프랑스 특산품으로 인정받고 있다. 수프, 스튜, 육류, 가금류 등에 이용된다.

(13) 세이지(Sage)

남부 유럽과 미국 등지를 산지로 하는 꿀풀과의 여러해살이 풀로, 풍미가 강하고 약간 쌉쌀한 맛을 가지고 있다. 육류, 가금류, 내장요리 등으로 이용된다.

(14) 스테비아(Stevia)

습한 산간지에서 자생하는 국화과의 여러해살이 풀로 잎에 감미물질인 스테비오사이드를 가지는데, 해당 감미성분은 설탕의 300배의 단맛을 지녀 당 대체물질로 이용되기도 한다. 차, 음료, 감미료 등으로 사용된다.

(15) 타라곤(Tarragon)

시베리아 지방을 원산지로 하는 쑥의 일종으로 중앙아시아에서 시베리아 등지에 걸쳐 넓게 분포하고 있다. 건조 시 향이 감소하므로 신선한 상태로 이용하나 보관용으로는 잎을 서늘한 곳에서 건조하여 밀봉해 보관한다. 달팽이 요리, 소스, 샐러드, 생선 요리, 버터, 피클 등에 이용된다.

(16) 타임(Thyme)

꿀풀과의 여러해살이 풀로써 강한 향을 지녀 향이 멀리까지 간다 하여 백리향(百里香)이라는 별칭을 가지고 있다. 높이는 30cm 정도로 육류, 가금류, 소스, 가니시 등으로 이용된다.

2. 씨앗 향신료(Seeds Spice)

(1) 아니스 씨(Anise Seed)

이집트를 원산지로 하며 유럽, 터키, 인도, 멕시코 등 남미 곳곳에서 재배하는 아니스의 종자로써 독특한 향과 단맛을 유발하는 성분인 아네톨을 함유하고 있다. 쿠키, 캔디, 피클 등을 만들 때 이용한다.

(2) 캐러웨이 씨(Caraway Seed)

전 유럽에서 자생하는 두해살이 풀인 캐러웨이의 씨로써 향기를 가진 기름을 함유하고 있다. 소화 효과를 촉진하는 효능이 있으며 치즈, 수프, 스튜 등에 이용된다.

(3) 셀러리 씨(Celery Seed)

유럽, 미국 등지에서 자생하는 셀러리의 씨로 향신료로 사용된다. 셀러리와 같은 향기를 가지고 있으나 풋내와 쓴맛을 가지고 있다. 수프, 스튜, 치즈 요리 등에 이용된다.

(4) 코리앤더 씨(Coriander Seed)

작은 후추콩과 같은 크기를 가진 적갈색 씨로 달콤한 레몬 향을 가지며 감귤류와 유사한 옅은 단맛을 가지고 있다. 소화를 돕는 효능이 있으며 생선, 육류, 절임 등에 이용된다.

(5) 커민 씨(Cumin Seed)

이집트를 산지로 하는 한해살이 풀인 커민의 씨로 향신료로 이용한다. 맵고 톡 쏘는 쓴맛을 가지고 있으며 장내 가스를 제거하는 효과 및 소화를 촉진하는 효과가 있다. 수프, 스튜, 피클, 빵 등에 이용된다.

(6) 딜 씨(Dill Seed)

지중해 연안의 남러시아를 원산으로 하는 딜의 씨로 소화 · 진정 · 최면 효과를 가지고 있으며 동맥경화, 구취 제거 등의 효능을 가지고 있다. 해당 환자에게 있어서 저염식의 풍미를 내기도 한다. 과자, 오이 샐러드 등으로 이용된다.

(7) 펜넬 씨(Fennel Seed)

지중해 연안을 원산지로 하는 회향의 씨로, 달콤하고 상큼한 맛을 가지고 있다. 생선의 비린내, 육류의 느끼함과 누린내를 없애기 위해 이용되며 생선, 육류 요리에 주로 이용된다.

(8) 메이스(Mace)

인도네시아와 서인도제도에서 자생하고 있는 살구처럼 생긴 열매로써 씨를 둘러싸고 있는 부분을 말린 것을 지칭한다. 육류, 생선, 햄, 치즈, 과자, 푸딩 등에 이용된다.

(9) 머스터드 씨(Mustard Seed)

머스터드의 씨를 말려서 통으로 혹은 가루를 만들어서 사용한다. 분말 상태의 겨자는 포도즙에 개어서 사용하기도 하며 육류 요리, 소스, 샐러드 드레싱 등으로 이용된다.

(10) 너트메그(Nutmeg)

인도네시아 및 모로코를 원산지로 하는 육두구의 배아를 말린 것으로 단맛과 약간의 쓴맛을 가지고 있다. 푸딩, 소스, 육류, 도넛 등에 이용된다.

(11) 양귀비 씨(Poppy Seed)

극동아시아와 네덜란드를 원산지로 하는 양귀비의 씨로, 양귀비는 모르핀을 함유하고 있는 아편의 원료이다. 케이크, 빵, 과자, 요구르트 등에 이용한다.

(12) 백후추(White Pepper)

자바, 수마트라, 보르네오 섬을 원산지로 하며 식욕을 돋우고 소화를 촉진시키는 효능을 가지고 있다. 육류, 생선, 가금류 등의 누린내를 잡는 역할을 한다.

3. 열매 향신료(Fruit Spice)

(1) 올스파이스(All Spice)

서인도 제도를 원산지로 하지만 멕시코, 쿠바 등이 주 산지이다. 약간 매운맛을 지니고 있는 향신료로 건조한 열매에서 후추, 시나몬, 너트메그, 정향을 섞은 것과 같은 향이 나므로 올스파이스라는 이름을 가지게 되었다. 육류 요리 등에 광범위하게 이용된다.

(2) 흑후추(Black Pepper)

동남아시아(보르네오, 자바, 수마트라 섬)가 원산지로써 완전히 익기 전에 열매를 수확하여 햇볕에 말려 이용한다. 흑후추가 백후추에 비해 더 맵고 톡 쏘는 맛이 강하며 생선, 육류 등에 폭넓게 이용된다.

(3) 카다멈(Cardamom)

인도 등과 같은 열대지방을 원산지로 하며 혼합 향신료의 원료로 이용된다. 흰색과 녹색의 두 가지를 가지고 있으며 부수거나 갈아서 이용하면 향이 더 강한 특성을 지닌다. 밀크티 및 다양한 인도 요리에 이용된다.

(4) 카옌 페퍼(Cayenne Pepper)

북미 등지에 널리 자생하고 있는 생 칠리를 말려 가루를 내어 만든다. 매운맛이 매우 강하며 육류의 누린내를 잡기 위해 이용한다. 육류, 생선, 가금류, 소스 등에 이용한다.

(5) 주니퍼 베리(Juniper Berry)

유럽을 원산지로 하는 주니퍼 나무의 열매로 건조시켜 보관하여 이용한다. 쌉쌀한 단맛을 지니고 있으며 얼얼한 느낌을 준다. 육류, 알코올, 음료 등에 이용한다.

(6) 파프리카(Paprika)

맵지 않은 붉은 고추의 일종으로 맛이 좋아 열매를 건조시켜 매운맛이 나는 씨를 제거한 후 분말로 만들어 이용한다. 육류, 생선, 계란, 소스 등에 이용한다.

(7) 스타아니스(Star Anise)

중국을 원산지로 하여 중국, 베트남, 인도, 인도차이나 등지에서 생산되며 팔각이라고도 한다. 아네톨(Anetol) 성분에 의해 달콤한 향미를 가지고 있으나 약간의 쓴맛 및 떫은 맛도 가지고 있다. 돼지고기, 오리고기, 소스 등에 이용된다.

(8) 바닐라(Vanilla)

열대 아메리카를 원산지로 하고 있으며 향료를 채취하기 위해 재배하여 이용한다. 초콜릿, 아이스크림, 캔디, 푸딩 등 다양한 디저트의 원료로 이용된다.

4. 꽃 향신료(Flower Spice)

(1) 케이퍼(Caper)

지중해 연안을 원산지로 하는 식물로 올리브 그린 색을 띠고 있다. 주로 식초에 절인 형태로 판매되고 있으며 시큼한 향과 약간의 매운 맛을 지니고 있다. 샐러드 드레싱, 소스, 파스타 등에 이용된다.

(2) 정향(Clove)

몰루카 섬을 원산지로 하는 식물의 꽃을 이용하며, 꽃이 피기 전에 꽃봉오리를 수집하여 이용한다. 돼지고기 요리 및 수프, 스튜 등에 이용한다.

(3) 사프란(Saffron)

진한 노란색을 가진 창포과 꽃의 암술로써 독특한 향과 쓴맛 및 단맛을 가지고 있다. 1g을 수확하기 위해 500개가 넘는 암술을 건조해야 하므로 세계에서 가장 비싼 향신료로 알려져 있다. 소스, 수프, 쌀 요리 등에 이용한다.

5. 줄기 & 껍질 향신료(Stem & Skin Spice)

(1) 차이브(Chive)

시베리아, 유럽, 홋카이도 등을 원산지로 하는 백합과의 여러해살이 풀 허브로써 높이가 20~30cm에 불과한 파의 일종이다. 소화를 돕고 피를 맑게 하는 효과가 있으며 고기, 생선, 소스, 수프 등으로 이용한다.

(2) 계피(Cinnamon)

계수나무의 껍질을 벗겨 코르크 층을 제거하고 말린 것으로 어두운 갈색 또는 회갈색을 띠고 있다. 진정 효과가 있으며 감기, 두통에도 효과가 있다. 스튜, 디저트, 음료 등으로 이용한다.

(3) 레몬그라스(Lemon Grass)

열대지방을 원산지로 하는 벼목의 여러해살이 풀로써 주로 인도와 말레이시아에서 많이 재배한다. 레몬향을 가지고 있으며 레몬그라스유(油)에는 시트랄(Citral) 성분이 들어 있다. 수프, 생선, 가금류 요리 등에 이용한다.

6. 뿌리 향신료(Root Spice)

(1) 마늘(Garlic)

서부 아시아를 원산지로 하는 백합과의 여러해살이 풀로 특이하고 강한 냄새를 가지고 있다. 알린(Allin)이라는 성분을 함유하고 있으며 물리적인 충격에 의해 분쇄되면 알리신(Allicin)이 효소 작용에 의해 생성되며 해당 성분은 강한 항균력을 지니고 있다. 돼지고기, 양고기 등에 이용된다.

(2) 생강(Ginger)

동남아시아를 원산지로 하는 생강과의 여러해살이 풀로, 황색을 띠며 매운 맛과 향긋한 냄새를 가지고 있다. 빵, 과자, 카레 등에 이용한다.

(3) 호스래디시(Horseradish)

유럽 남부 등지에서 재배되는 겨자과의 여러해살이 풀로 서양 고추냉이로도 불린다. 열을 가하면 향미가 사라지므로 생채로 이용한다. 훈제연어, 로스트 비프 등의 요리에 이용된다.

(4) 투메릭(Tumeric)

열대 아시아를 원산지로 하는 여러해살이 풀로 강황이라고도 한다. 생강과 유사하게 생겼지만 쓴맛이 나고 노란색으로 착색되는 색소를 가지고 있다. 커리 및 쌀 요리에 이용된다.

(5) 와사비(Wasabi)

겨자과의 풀로 8~10cm 길이를 가지고 있으며 일본에서 주로 이용한다. 순간적으로 톡 쏘는 매운맛을 가지고 있으며 생선회, 소스, 가공식품 등에 이용한다.

제2부

PART Ⅱ 세계의 소스

아시아식
양 식
퓨 전
일 식
한 식
중 식

아시아식

01 나시고렝 소스

Nasi Goreng Sauce

주재료 및 부재료

피시 소스 3T, 식초 3T, 다진 마늘 1t, 설탕 2T

조리방법

1. 볼에 모든 재료를 넣고 설탕이 모두 녹을 때까지 잘 젓는다.

어울리는 음식 : 채소 요리, 밥 요리

02 남플라 소스 Nam pla Sauce

주재료 및 부재료

다진 마늘 1/2t, 토마토 주스 3C, 올리브유 2t, 소금 2g, 후추 2g, 토마토 1/4개, 오이 1/8개, 양파 1/6개

조리방법

1. 토마토, 오이, 양파는 깨끗이 손질한 후 먹기 좋은 크기로 썬다.
2. 냄비에 올리브유를 두른 후 다진 마늘을 살짝 볶는다.
3. 토마토 주스를 넣어 팔팔 끓인 후 소금과 후추로 간한다.
4. 끓인 소스는 한 번 식힌 후 토마토, 오이, 양파를 넣어 완성한다.

어울리는 음식 : 채소 요리, 밥 요리

03 똠얌꿍 소스

Tomyam Kung Sauce

주재료 및 부재료

홍고추 2개, 고수 2뿌리, 생강 5g, 라임 2개, 피시 소스 3T

조리방법

1. 홍고추와 고수, 생강, 라임은 흐르는 물에 깨끗이 씻어 준비한다.
2. 생강은 얇게 편 썬다.
3. 라임은 라임 즙을 짜낸 후 껍질을 다져서 따로 준비한다.
4. 냄비에 물과 홍고추, 고수 뿌리, 생강, 다진 라임 껍질을 넣고 끓인다.
5. 재료가 모두 익으면 라임즙과 피시 소스를 넣어 마무리한다.

어울리는 음식 : 생선 요리

04 몽골리안 소스 Mongolian Sauce

주재료 및 부재료

데리야끼 소스 200g, 스위트 칠리 소스 1T. 굴 소스 1T, 다진 마늘 1t, 고춧가루 1T, 다진 양파 2T, 올리브 오일 1T, 다진 고수 1T, 참기름 1T

조리방법

1. 팬에 오일을 두른 후 다진 마늘을 볶는다.
2. 다진 마늘과 함께 다진 양파를 넣고 양파에 갈색이 돌면 고춧가루를 넣어 30초 동안 볶는다.
3. 데리야끼 소스, 굴 소스, 스위트 칠리 소스를 넣고 중불에서 함께 끓인다.
4. 끓인 소스는 찬물을 넣어 가며 식히면서 농도를 조절한다.
5. 소스에 다진 고수를 섞는다.

어울리는 음식 : 채소 요리, 해물 요리

05 무화과 소스 Fig Tree Sauce

주재료 및 부재료

무화과 2개, 엑스트라 버진 오일 1T, 딜 2줄기, 자몽 1개, 꿀 1/2t, 소금 1/4t

조리방법

1. 자몽은 속살을 제거한 후 껍질의 하얀 부분을 제거하여 노란 부분만 잘게 채 썰어 준비한다.
2. 채 썬 자몽 껍질은 끓는 물에 10초간 담갔다가 얼음물에 넣어 식힌 후 물기를 제거한다.
3. 채 썬 자몽 껍질을 잘게 다진다.
4. 무화과는 반을 자른 후 과육을 제거한다.
5. 블렌더에 무화과와 다진 자몽 껍질, 소금, 꿀을 넣고 간다.

어울리는 음식 : 과일 요리, 샐러드

06 미 고렝 소스 Mee Goreng Sauce

주재료 및 부재료

간장 3T, 굴소스 3T, 발사믹 식초 3T, 레몬 1/4개, 고수 3줄기

조리방법

1. 고수는 잎사귀만 떼어내어 잘게 다진다.
2. 1.에 나머지 재료를 잘 섞은 후 레몬즙을 짜서 섞는다.
3. 2.를 반나절 동안 숙성시킨 후 사용한다.

어울리는 음식 : 채소 요리, 밥 요리

07 액젓소스 Extract Salted Seafood

주재료 및 부재료

피시 소스 50ml, 청량고추 1개, 마늘 1쪽, 바질 2장, 배 1/6개, 양파 1/6개, 꿀 1T

조리방법

1. 고추는 씨를 제거한다.
2. 배는 껍질을 제거한다.
3. 바질은 얇게 슬라이스한다
4. 블렌더에 모든 재료를 넣고 간다.

어울리는 음식 : 생선 요리, 찜 요리

08 커리 Curry

주재료 및 부재료

올리브 오일 2T, 통마늘 3개, 통생강 1개, 양파 1개, 셀러리 1개, 화이트 와인 3T, 사과 1/2개, 고수 10줄기, 물 1/2C, 카레 가루 200g, 코코넛 밀크 1/2C, 계피가루 1/2T, 월계수 잎 1장, 투메릭 파우더 2T

조리방법

1. 통마늘, 통생강, 양파, 셀러리, 사과는 얇게 슬라이스하여 준비한다.
2. 팬에 올리브 오일을 두른 후 슬라이스 한 마늘, 생강, 양파, 셀러리 순으로 볶는다.
3. 볶은 채소에 카레 가루를 넣고 볶다가 화이트 와인을 넣어 졸인다.
4. 3.에 코코넛 밀크와 고수 잎을 뺀 나머지 재료를 모두 넣고 끓인다.
5. 채소가 푹 익으면 코코넛 밀크와 고수 잎을 넣고 한번 더 끓인다.
6. 월계수 잎은 제거한 후 블렌더에 끓인 소스를 넣고 곱게 갈아 체에 걸러 차갑게 식혀 사용한다.

어울리는 음식 : 채소 요리, 밥 요리

09 코코넛 소스 Coconut Sauce

주재료 및 부재료

코코넛 밀크 1/3C, 우유 2T, 설탕 1T

조리방법

1. 냄비에 코코넛 밀크, 우유, 설탕을 넣고 중불로 가열한다.
2. 소스에 끈기가 생길 때까지 졸인 후 식혀서 사용한다.

어울리는 음식 : 디저트, 과일요리

10 코코넛 밀크 Coconut Milk

주재료 및 부재료

코코넛 밀크 1C, 홍피망 1개, 셀러리 1개, 바나나 1/2개, 토마토 1/2개, 고수 3줄기, 화이트 와인 식초 2T, 꿀 2T, 소금 1/4t, 후춧가루 1/4t

조리방법

1. 토마토는 끓는 물에 살짝 데쳐 껍질을 벗기고 속을 파낸 후 속살을 0.5cm 크기의 주사위 모양으로 썬다.
2. 셀러리와 바나나, 홍피망은 0.5cm 크기의 주사위 모양으로 자른다.
3. 고수는 깨끗이 손질한 후 잎만 떼어 잘게 다진다.
4. 볼에 모든 재료를 넣고 고루 섞는다.
5. 4시간 동안 섞은 재료를 숙성시킨 후 사용한다.

어울리는 음식 : 디저트, 과일 요리

11 타이바베큐 소스

Thai Barbecue Sauce

주재료 및 부재료

다진 고수잎 1T, 고운 고춧가루 2T, 굵은 고춧가루 1t, 식초 1T, 통마늘 2쪽, 다진 양파 2T, 레몬 1개, 토마토 케첩 1C, 설탕 1T, 통후추 3알

조리방법

1. 통마늘과 양파는 곱게 다진다.
2. 다진 양파는 찬 물에 1분 동안 넣어 매운 맛을 없앤 후 거즈로 물기를 제거한다.
3. 레몬은 속살을 제거한 후 껍질만 채 썰어 곱게 다진다.
4. 레몬 속살은 즙을 만든다.
5. 통후추를 으깨어 준다.
6. 볼에 모든 재료를 넣어 고루 섞는다.

어울리는 음식 : 소고기 요리, 바베큐

12 팟타이 소스 Pad Thai Sauce

주재료 및 부재료

다진 고수 잎 1T, 피시 소스 1T, 스위트 칠리 소스 3T, 굴 소스 1C, 다진 마늘 1T, 간 땅콩 1T, 레몬 주스 2T, 생강즙 1t, 레몬 그라스 2줄기

조리방법

1. 볼에 레몬 그라스를 제외한 모든 재료를 넣어 잘 섞는다.
2. 1에 레몬 그라스를 넣고 하루 동안 냉장고에 숙성시킨 후 사용한다.

어울리는 음식 : 해물 요리, 채소 요리

양 식

양식

001 가스파쵸 Gazpacho

주재료 및 부재료

다진 마늘 1/2t, 토마토 주스 3C, 올리브유 2t, 소금 2g, 후추 2g, 토마토 1/4개, 오이 1/8개, 양파 1/6개

조리방법

1. 토마토, 오이, 양파는 깨끗이 손질한 후 먹기 좋은 크기로 썬다.
2. 냄비에 올리브유를 두른 후 다진 마늘을 살짝 볶는다.
3. 토마토 주스를 넣어 팔팔 끓인 후 소금과 후추로 간한다.
4. 끓인 소스는 한 번 식힌 후 토마토, 오이, 양파를 넣어 완성한다.

어울리는 음식 : 샐러드, 파스타

양식

주재료 및 부재료

엔초비(멸치) 2마리, 마늘 1쪽, 로즈마리 1줄기, 엑스트라 버진 올리브 오일 1T, 오렌지 껍질 1장

조리방법

1. 오렌지 껍질은 깨끗이 손질한 후 얇게 채 썰어 끓는 물에 3초간 데치고 찬물에 헹군다.
2. 통마늘은 껍질과 꼭지를 제거한 후 슬라이스 한다.
3. 냄비에 올리브오일, 엔초비, 마늘 슬라이스를 넣고 약불에 끓인다.
4. 마늘이 황금빛으로 변하면 로즈마리와 제스트를 넣고 3분간 끓인다.

어울리는 음식 : 소고기 요리, 생선 요리

003 겨자 Mustard

주재료 및 부재료

물 2C, 겨자분 1C, 식초 1C, 꽃소금 1T, 설탕 1C

조리방법

1. 볼에 겨자분과 물을 섞은 후 따뜻한 실온에 4시간 동안 발효시킨다.
2. 발효된 겨자분에 나머지 재료를 모두 넣고 잘 녹인 후 블렌더에 간다.
3. 블렌더에 갈아준 재료는 체에 거른 후 하루 동안 냉장하여 숙성시킨다.

어울리는 음식 : 해물 요리, 생선 요리, 양장피

주재료 및 부재료

고르곤졸라 치즈 50g, 마늘 2쪽, 생크림 1.5C, 버터 2t, 올리브유 2t, 굵은 후추2g

조리방법

1. 고르곤졸라 치즈는 으깬다.
2. 마늘을 으깬다.
3. 팬에 버터를 녹인 후 올리브 오일을 두르고 마늘을 넣어 강불에 볶는다.
4. 팬에 생크림과 치즈를 넣어 약불에 조린다.
5. 마늘을 꺼낸 후 후추를 넣어 완성한다.

어울리는 음식 : 파스타, 피자

005 고르곤졸라 치즈 소스

Gorgonzola Cheese Sauce

주재료 및 부재료

고르곤졸라 치즈 1T, 생크림 2T, 데미글라스 소스 8T, 포트 와인 1T, 레드 와인 1T, 다진 양파 2T, 올리브 오일 1T, 소금 2g, 후추 2g

조리방법

1. 팬에 고르곤졸라 치즈와 생크림을 넣고 치즈가 풀어질 때까지 약불에서 끓인다.
2. 새로운 팬에 포트 와인과 레드 와인을 넣어 알코올을 날린다.
3. 양파는 깨끗이 손질하고 얇게 다진 후 새로운 팬에 올리브 오일과 함께 갈색이 나도록 볶는다.
4. 볶은 양파는 1에 넣어 섞는다.
5. 팬에 담긴 와인은 양이 반이 될 때까지 졸인 후 4.에 섞는다.
6. 데미글라스 소스를 넣은 후 중불에 5분간 끓여 소금, 후추로 간한다.

어울리는 음식 : 스테이크

주재료 및 부재료

양파 1개, 올리브유 2T, 토마토 퓌레 8T, 토마토 케첩 8T, 소금 2g, 후추 2g

조리방법

1. 양파는 얇게 채 썰어 찬물에 1분 정도 담가 매운맛을 제거한다.
2. 팬에 오일을 두른 후 양파를 볶는다.
3. 2에 토마토 퓌레와 케첩을 넣고 끓인 후 소금과 후추로 간한다.

어울리는 음식 : 스파게티, 오므라이스

양식

007 노란 피망 소스

Yellow Pimeent Sauce

주재료 및 부재료

노란 피망 2개, 식초 2T, 올리브 오일 8T, 설탕 1T, 레몬 1개, 물 1C, 소금 2g, 흰 후추2g

조리방법

1. 노란 피망은 꼭지와 씨를 제거한 후 2cm 길이로 자른다.
2. 팬에 물과 소금을 넣어 끓인다.
3. 물이 끓으면 피망을 넣어 중불에 20분 동안 삶은 후 식힌다.
4. 블렌더에 3.을 넣고 곱게 간다.
5. 레몬은 즙을 내어 준비한다.
6. 갈아 준 재료에 레몬즙과 식초, 후추, 설탕을 넣고 다시 한번 더 간다.
7. 올리브유를 1T씩 넣어 섞어가며 체에 거른다.

어울리는 음식 : 해물 요리, 생선 요리

008 노르망디 소스 Normande Sauce

주재료 및 부재료

버터 2T, 양파 1개, 양송이 버섯 8개, 다진 마늘 1/2T, 물 100mL, 화이트 와인 2T, 생선 벨루테 소스 100g, 달걀 노른자 2개, 생크림 100mL, 소금 2g, 후추 2g

조리방법

1. 양파와 양송이는 깨끗이 손질한 후 다진다.
2. 냄비에 버터를 녹인 후 다진 마늘과 양파, 양송이를 넣고 볶는다.
3. 냄비에 물을 넣어 완전히 졸인 후 화이트 와인을 넣고 알코올을 날린다.
4. 벨루테 소스를 넣어 저어 가며 끓이다가 달걀 노른자를 넣어 뭉치지 않도록 빠르게 젓는다.
5. 냄비에 생크림를 넣어 섞은 후 소금과 후추로 간한다.

어울리는 음식 : 생선 요리, 해물 요리

양식

009 레드체리 소스

Red Cherry Sauce

주재료 및 부재료

체리(병조림 또는 생체리) 10개, 설탕 1T, 레몬 1개, 민트 1줄기, 레드 와인 30mL, 물 2T, 버터 1t

조리방법

1. 체리는 줄기를 제거하고 반으로 잘라 씨를 제거해 준비한다.
2. 레몬은 즙을 내어 준비한다.
3. 민트는 줄기를 제거하고 잎만 다진다.
4. 팬에 버터를 녹여 체리를 중간 불에서 짧은 시간에 볶는다.
5. 체리에 레드 와인을 넣어 강한 불에서 알코올을 날린 후 불을 약하게 줄인다.
6. 5. 레몬즙과 다진 민트 잎, 설탕을 넣어 약한 불에서 끓인다.
7. 레드 와인이 체리에 스며들도록 약한 불에서 약 10분 동안 더 끓여 소스를 완성한다.

어울리는 음식 : 디저트

010 당근 페이스트 Carrot Paste

주재료 및 부재료

당근 1개, 물 200C, 올리브유 1T, 소금 1/2T

조리방법

1. 냄비에 물을 넣고 당근을 통으로 삶는다.
2. 당근 삶은 물은 버리지 않고 당근은 큼지막하게 자른다.
3. 블렌더에 당근과 올리브유, 소금 그리고 당근 삶은 물을 넣어가며 믹서에 간다.

어울리는 음식 : 샐러드, 무침 요리

011 두부 블루치즈 페이스트

Bean Curd Blue Cheese

주재료 및 부재료

두부 1/2모, 블루치즈 50g, 엑스트라버진 올리브유 2T, 후추 2g

조리방법

1. 두부는 거즈를 이용해 꾹 짜서 물기를 제거한다.
2. 두부와 블루치즈는 체에 거른다.
3. 걸러 둔 두부와 블루치즈를 볼에 넣고 올리브유와 후추를 넣어 잘 섞는다.

어울리는 음식 : 샐러드, 채소 요리

012 딜 사워 크림

Dill Shower Cream

주재료 및 부재료

딜 1줄기, 사워 크림 2T, 우유 2T, 화이트 와인 1t, 소금 2g, 흰 후추 2g

조리방법

1. 냄비에 화이트 와인을 넣고 강불에서 끓여 알코올을 날린다.
2. 알코올이 날라간 와인은 약불로 줄인 후 우유를 넣어 3분간 끓인다.
3. 딜은 잘게 다진다.
4. 2.는 식히고 나서 사워 크림과 다진 딜을 넣어 섞은 후 소금과 후추로 간한다.

어울리는 음식 : 해물 요리

013 데미글라스 소스

Demi Glace Sauce

주재료 및 부재료

소고기 육수 500mL, 레드 와인 4T, 밀가루 2T, 토마토 페이스트 3T, 토마토 2개, 통마늘 5쪽, 월계수 잎 2장, 타임 1줄기, 소금 약간, 통후추 약간

조리방법

1. 마늘은 껍질과 꼭지를 제거하고 갈색으로 볶는다.
2. 마늘에 레드 와인을 넣어서 알코올을 날린 후에 1/2 정도로 줄인다.
3. 레드 와인에 갈색 육수를 넣고 약한 불에서 천천히 끓인다.
4. 토마토 페이스트는 팬에 볶아 3.에 넣는다.
5. 토마토와 향신료를 4.에 넣는다.
6. 중간 불에서 1시간 이상 끓인 후 소금을 넣고 체에 걸러 소스를 완성한다.

어울리는 음식 : 육류 요리

014 레드 와인 소스

Red Wine Sauce

주재료 및 부재료

올리브 오일 1T, 양파 1개, 마늘 1쪽, 레드 와인 2C, 데미글라스 소스 50mL, 월계수 잎 1장, 타임 2줄기, 통후추 5알, 꿀 2g, 소금 2g, 후추 2g

조리방법

1. 양파는 깨끗이 손질한 후 얇게 슬라이스 한다.
2. 냄비에 올리브 오일을 두른 후 마늘과 양파 슬라이스를 중불에 볶는다.
3. 양파가 갈색이 되면 레드 와인을 넣고 알코올을 날려 끓인다.
4. 냄비에 타임, 월계수잎, 통후추를 넣고 와인이 반으로 줄 때까지 졸인 후 타임과 월계수 잎, 통후추를 건진다.
5. 졸인 소스에 데미글라스 소스를 넣고 꿀을 넣는다.
6. 소금과 후추로 간을 한다.

어울리는 음식 : 스테이크

015 레몬 소스 Lemon Sauce

주재료 및 부재료

레몬 파우더 1T, 레몬 1/2개, 레몬 주스 1T, 물 1C, 설탕 1T, 통계피 2t, 꽃소금 1/4t, 물전분 1t

조리방법

1. 레몬은 얇게 슬라이스한다.
2. 물전분과 계피를 제외한 모든 재료를 섞는다.
3. 냄비에 2와 계피를 넣어 끓인 후 물전분을 넣어 농도를 조절한다.

어울리는 음식 : 튀김 요리, 샐러드, 해물 요리

016 레몬 버터 소스

Lemon Butter Sauce

주재료 및 부재료

레몬 1/2개, 양파 1/4개, 바질 3장, 설탕 1t, 버터 2T, 화이트 와인 2T, 소금 2g

조리방법

1. 양파는 깨끗이 손질한 후 잘게 잘라서 준비한다.
2. 바질은 즙이 나지 않도록 잘게 잘라서 준비한다.
3. 레몬은 껍질과 속살을 분리한 후 속살은 즙을 내어 준비하고 껍질은 잘 다져 준비한다.
4. 팬에 버터를 1T 넣어 녹인 후 양파와 레몬 껍질을 약불에 살짝만 볶는다.
5. 팬에 화이트 와인을 넣어 알코올을 날린 후 설탕과 소금으로 간한다.
6. 불을 끄고 팬에 바질과 레몬즙을 넣어 섞은 후 나머지 버터 1T를 섞는다.

어울리는 음식 : 생선 요리, 튀김

양식

017 레몬향 피클 소스

Lemon Pickle Sauce

주재료 및 부재료

간장 1t, 다시마 10g, 설탕 4T, 마늘 2쪽, 통계피 10g, 식초 1T, 레몬 1/2개, 월계수 잎 1장, 파슬리 10g, 물 100mL

조리방법

1. 다시마는 흐르는 물에 씻어 염분을 제거한다.
2. 냄비에 물과 다시마를 넣고 중불에 끓여 다시마 물을 만든다.
3. 물이 끓으면 다시마를 건져내고 불은 끈다.
4. 파슬리는 줄기와 잎을 분리한 후 잎만 곱게 다진다.
5. 다시마물에 마늘, 통계피, 월계수잎, 파슬리 줄기, 설탕을 넣고 중불에서 끓인다.
6. 간장과 레몬즙, 식초를 섞어 중불에서 5분 동안 끓인다.
7. 불을 끈 후 다진 파슬리 잎을 섞는다.

어울리는 음식 : 샐러드, 해물 요리, 튀김

018 로메스쿠 소스 Romescu Sauce

주재료 및 부재료

토마토 2개, 마늘 1쪽, 아몬드 35g, 코코넛 10g, 레드페퍼 크러시 1t, 올리브 오일 5g, 레드 와인 식초 1t, 레몬 1/2개, 소금 2g, 후추 2g

조리방법

1. 마늘은 칼등으로 으깬다.
2. 토마토는 깨끗이 손질한 후 8등분하여 으깬 마늘과 함께 130℃로 예열한 오븐에 10분 동안 익힌다.
3. 팬에 아몬드와 코코넛을 각각 담아 오븐에서 갈색이 될 때까지 굽는다.
4. 블렌더에 구운 토마토, 마늘, 아몬드, 코코넛 그리고 모든 재료를 넣어 곱게 간다.
5. 팬에 블렌더에 갈아 둔 재료를 담아 약불에서 10분 동안 끓인다.

어울리는 음식 : 채소 요리, 샐러드

양
식

019 로베르 소스 Robert Sauce

주재료 및 부재료

양파 1/2개, 화이트 와인 5T, 머스타드 1t, 데미글라스 소스 1C, 버터 2t, 설탕 1t, 소금 2g, 후추 2g

조리방법

1. 양파는 곱게 잘게 썬 후 찬물에 5분 정도 담가 매운맛을 없애고 거즈로 걸러 물기를 제거한다.
2. 팬에 버터를 녹인 후 1.의 양파를 넣고 강불에서 갈색이 될 때까지 볶는다.
3. 팬에 화이트 와인을 넣어 알코올을 제거한 후 약불로 줄여 와인이 1/3이 되도록 졸인다.
4. 팬에 데미글라스 소스를 넣어 약불에서 10분 동안 끓인다.
5. 팬에 머스타드를 넣어 중불에 볶아 쓴맛을 제거한다.
6. 팬에 설탕, 소금, 후추를 넣는다.

어울리는 음식 : 돼지고기 요리

020 로즈마리 블렌드 오일
Rosemary Blend Oil

주재료 및 부재료

로즈마리 2줄기, 타임 1줄기, 마늘 1/2쪽, 올리브유 1C

조리방법

1. 소독된 병에 허브와 마늘을 넣는다.
2. 올리브유를 가득 채운다.
3. 암실에 4일 정도 숙성시킨다.

어울리는 음식 : 소고기 요리, 튀김 소스

양식

021 로즈마리향 크림 소스

Rosemary Cream Sauce

주재료 및 부재료

로즈마리 1줄기, 생크림 50mL, 양파 1/4개, 통마늘 1쪽, 치킨 육수 100mL, 버터 2T, 밀가루 1t, 소금 2g, 후추 2g

조리방법

1. 마늘은 곱게 다진다.
2. 양파는 곱게 다진 후 찬물에 1분 동안 담가 매운맛을 제거하고 거즈로 물기를 제거한다.
3. 로즈마리는 잎만 떼서 곱게 다진다.
4. 팬에 버터를 녹인 후 마늘과 양파를 넣고 갈색으로 변할 때까지 중불에 볶는다.
5. 팬에 로즈마리를 넣고 향이 올라오면 밀가루를 넣어 1분 동안 볶는다.
6. 팬에 생크림과 치킨 육수를 넣어 약불에 8분 정도 끓인다.
7. 소금과 후추로 간한다.

어울리는 음식 : 파스타, 치킨 요리, 해물 요리, 찜 요리

022 르물라드 소스

Remoulade Sauce

주재료 및 부재료

달걀 노른자 2개, 다진 마늘 2t, 레몬즙 1T, 엑스트라버진 올리브 오일 140mL, 피클 40g, 피클 주스 1T, 셀러리 1/2줄기, 케이퍼 20g, 엔초비 3마리, 후추 2g

조리방법

1. 셀러리는 섬유질을 제거하고 피클 · 케이퍼 · 엔초비와 함께 곱게 다진다.
2. 볼에 달걀 노른자를 넣고 올리브 오일을 넣어가며 거품기로 섞는다.
3. 올리브오일이 노른자와 섞여 응고되면 레몬즙을 조금씩 넣어가며 젓는다.
4. 3.이 마요네즈처럼 되면 나머지 재료를 모두 넣어 섞는다.
5. 피클 주스를 넣어 농도를 조절한 후 냉장하여 하루 정도 숙성시킨다.

어울리는 음식 : 해물 요리, 튀김, 생선 요리

양식

023 마데이라 와인 소스

Medeira Wine Sauce

주재료 및 부재료

데미글라스 소스 100mL, 마데이라 와인 100mL, 양파 1/4개, 마늘 1쪽, 월계수 잎 1장, 타임 2줄기, 소금 2g, 올리브 오일 1T, 꿀 1t

조리방법

1. 양파와 마늘은 깨끗이 손질한 후 곱게 다진다.
2. 냄비에 마데이라 와인을 넣고 강불에서 알코올을 날려 준 뒤 양이 1/2이 되도록 중불에서 졸인다.
3. 팬에 오일을 두른 후 중불에서 마늘과 양파가 갈색이 되도록 볶는다.
4. 냄비에 졸인 와인에 3.과 데미글라스 소스를 넣고 함께 끓인다.
5. 꿀과 타임, 월계수 잎, 소금을 넣고 약불에서 10분 동안 끓인 후 체에 거른다.

어울리는 음식 : 소고기 요리, 스테이크, 스튜 요리

024 망고 요거트 살사

Mango Yogurt Salsa

주재료 및 부재료

망고 1개, 플레인 요거트 2개, 바질 3장, 피망 1/2개, 자몽 껍질 1/2개, 화이트 와인 식초 1T, 꿀 1T, 소금 1g

조리방법

1. 망고는 껍질을 벗겨 작은 다이스 모양으로 자른다.
2. 피망은 씨를 제거한 후 망고와 같은 크기로 자른다.
3. 자몽 껍질은 얇게 채 썰어 끓는 물에 살짝 데친 후 잘게 다진다.
4. 바질은 곱게 다진다.
5. 볼에 모든 재료를 섞는다.

어울리는 음식 : 샐러드, 아이스크림

025 망고 할라페뇨 소스
Mango Jalapeno Sauce

주재료 및 부재료

망고 1개, 망고퓌레 100g, 할라페뇨 2개, 올리브 오일 1T, 타임 2줄기, 브랜디 1T, 생크림 2T, 꿀 1t

조리방법

1. 망고는 껍질을 벗긴 후 작은 다이스 모양으로 자른다.
2. 할라페뇨는 거칠게 다진 후 거즈로 물기를 제거한다.
3. 타임은 잎만 떼어 곱게 다진다.
4. 팬에 오일을 두른 후 할라페뇨와 타임을 넣고 볶는다.
5. 팬에 브랜디를 넣어 알코올을 날린 뒤 망고퓌레와 생크림을 넣는다.
6. 팬이 끓으면 망고를 넣고 꿀을 넣는다.

어울리는 음식 : 생선 요리, 치킨 요리

026 매실 올리브유 소스

Plum Olive Oil Sauce

주재료 및 부재료

식초 2T, 매실 장아찌 4개, 올리브유 2t

조리방법

1. 매실 장아찌는 잘게 다져서 준비한다.
2. 볼에 모든 재료를 섞는다.

어울리는 음식 : 밥 요리, 채소 요리, 만두

양식

027 매운 베이컨 소스

주재료 및 부재료

베이컨 100g, 양파 1/4개, 토마토 1/4개, 화이트 와인 1T, 레몬즙 1T, 설탕 2T, 사과 식초 1t, 쇠고기 육수 200mL, 전분 2g

조리방법

1. 베이컨은 잘게 썬다.
2. 양파는 곱게 다진 후 찬물에 1분간 담가 매운맛을 제거한 후 거즈로 물기를 제거한다.
3. 토마토는 십자로 칼집을 낸 후 끓는물에 살짝 데쳐서 찬물에 넣어 껍질을 제거한다.
4. 토마토는 4등분한 후 씨와 물기를 제거하고 1cm 크기로 주사위모양 썰기를 한다.
5. 팬에 베이컨을 넣고 중불로 볶은 후 양파를 넣어 갈색이 될 때까지 볶는다.
6. 팬에 식초를 넣어 졸여 준 후 육수와 화이트 와인을 넣고 중불에서 1분 동안 끓인다.
7. 팬에 토마토를 넣고 레몬즙을 넣는다.
8. 전분을 이용해 농도를 조절한다.

어울리는 음식 : 샐러드, 채소 요리

028 멕시칸 소스 Mexicon Sauce

주재료 및 부재료

양파 1/4개, 청피망 1/4개, 양송이 버섯 3개, 마늘 1쪽, 데미글라스 소스 1C, 핫소스 2t, 토마토 1/2개, 토마토 케첩 2T, 올리브오일 1T, 소금 2g, 후추 2g

조리방법

1. 양파와 마늘, 토마토를 잘게 썰어 준비한다.
2. 양송이는 깨끗이 손질한 후 얇게 슬라이스한다.
3. 피망을 씨를 제거한 후 먹기 좋게 자른다.
4. 팬에 오일을 두른 후 양파, 마늘, 피망, 양송이를 각각 갈색이 나도록 볶는다.
5. 팬에 볶은 채소를 모두 넣고 케첩과 토마토를 넣어 중불에서 3분 동안 볶는다.
6. 팬에 데미글라스 소스와 핫 소스를 넣어 약불로 10분 동안 끓인다.
7. 소금과 후추로 간한다.

어울리는 음식 : 소고기 요리, 볶음 요리, 찜 요리

양식

주재료 및 부재료

홀랜다이즈 소스 100mL, 생크림 5t, 레몬즙 1t, 소금 2g, 흰후추 2g

조리방법

1. 볼에 생크림을 넣고 거품기로 거품을 만든다.
2. 약간의 거품이 만들어지면 레몬즙을 1/2t 넣는다.
3. 홀랜다이즈 소스는 70℃ 물에서 중탕한다.
4. 중탕한 홀랜다이즈 소스에 2를 섞는다.
5. 팬에 4.를 넣고 약불에서 끓인다.
6. 팬에 레몬즙 1/2t, 소금, 후추를 넣는다.

어울리는 음식 : 생선 요리, 해물 요리

030 미트 소스 Meat Sauce

주재료 및 부재료

양파 1개, 마늘 2쪽, 셀러리 1/4개, 다진 고기 300g, 토마토 캔 1캔, 생강 5g, 소금 1t, 간장 1T, 레드와인 1/2C, 올리브유 2T, 밀가루 1T

조리방법

1. 양파와 마늘, 생강, 셀러리는 곱게 다진다.
2. 냄비에 올리브유를 두른 후 양파, 마늘 1쪽, 셀러리를 볶는다.
3. 냄비에 다진 고기를 넣고 볶다가 고기가 보슬보슬해지면 밀가루를 뿌려 약불에 볶는다.
4. 레드와인을 넣고 알코올을 날려 준 후 토마토를 으깨 넣는다.
5. 다진 생강과 다진 마늘 1쪽, 물 1C을 넣고 40분 동안 졸인다.
6. 간장과 소금으로 간한다.

어울리는 음식 : 스파게티, 파스타, 미트볼

양식

031 민트 오일 소스

Mint Oil Sauce

주재료 및 부재료

레몬 1개, 민트 15g, 올리브 오일 3T, 꿀 2T, 화이트 와인 1T

조리방법

1. 레몬은 껍질과 속살을 분리한 뒤 속살은 즙을 내고, 껍질은 얇게 채 썬다.
2. 민트는 줄기를 제거한다.
3. 블렌더에 민트잎과 레몬즙, 올리브오일을 넣고 갈아 준 후 거즈로 거른다.
4. 팬에 화이트 와인을 넣고 강불에 알코올을 날려 준 후 1/2로 졸인다.
5. 졸인 와인에 꿀과 3을 넣고 약불에서 1분 동안 끓인다.

어울리는 음식 : 해물 요리, 샐러드

032 민트 초콜릿 소스

Mint Chocolate Sauce

주재료 및 부재료

애플 민트 15g, 초콜릿 20g, 생크림 2T, 우유 1T, 레몬 1개

조리방법

1. 애플 민트는 줄기를 제거한다.
2. 레몬은 껍질과 속살을 분리한 후 속살은 즙을 내고 껍질은 곱게 다져서 준비한다.
3. 초콜릿을 잘게 자른다.
4. 팬에 우유를 넣고 한 번 끓여 준 후 불을 끈다.
5. 끓인 우유에 초콜릿을 넣고 약불에 중탕한다.
6. 우유 속 초콜릿이 모두 녹으면 블렌더에 초콜릿이 녹은 우유와 애플 민트를 넣어 간다.
7. 6.을 체에 거른다.
8. 새로운 팬에 생크림을 약불에서 1/3양이 되도록 졸인다.
9. 졸인 생크림에 6.과 레몬즙, 다진 레몬 껍질을 넣고 약불에서 1분 동안 끓인다.

어울리는 음식 : 밥요리, 채소요리, 만두

양식

033 밀크 버터 소스

Milk Butter Sauce

주재료 및 부재료

버터 50g, 연유 3T

조리방법

1. 버터는 실온에 두고 부드럽게 될 때까지 꺼내 놓는다.
2. 볼에 버터와 연유를 넣고 섞는다.

어울리는 음식 : 피자, 디저트

034 발사믹 소스 Balsamic Sauce

주재료 및 부재료

식초 2T, 올리브 오일 1T, 발사믹 식초 1.5C, 양파 2개, 마늘 5쪽, 타임 3줄기, 꿀 3T, 소금 2g, 후추 2g

조리방법

1. 양파는 얇게 슬라이스해 준비한다.
2. 팬에 오일을 두른 후 중불에서 마늘과 양파를 갈색이 되도록 볶는다.
3. 팬에 발사믹 식초와 타임을 넣고 약불로 끓여 1/3이 될 때까지 졸인다.
4. 졸인 소스는 식히고 나서 블렌더에 넣고 곱게 갈아 체에 거른다.
5. 팬에 체에서 걸러 낸 소스를 붓고 끓으면 꿀을 넣는다.
6. 소금과 후추로 간한다.

어울리는 음식 : 스테이크, 샐러드, 해물 요리, 디저트, 과일 요리

035 버섯 치즈크림

Mushroom Cheese Cream

주재료 및 부재료

느타리버섯 5줄기, 양파 1/2개, 폰드뷰 1T, 올리브 오일 1T, 고르곤졸라 치즈 30g, 생크림 2T, 소금 1g, 후추 1g

조리방법

1. 양파는 곱게 다진 후 찬물에 담갔다가 거즈로 물기를 제거한다.
2. 느타리버섯은 손으로 굵직하게 찢는다.
3. 팬에 오일을 두른 후 양파를 넣어 볶는다.
4. 팬에 느타리버섯을 넣고 볶다가 화이트 와인을 넣고 졸인다.
5. 팬에 폰드뷰와 생크림, 고르곤졸라 치즈를 넣고 치즈가 녹을 때까지 끓인다.
6. 소금, 후추로 간한다.

어울리는 음식 : 피자, 파스타, 소고기 요리

036 버터 소스 Butter Sauce

주재료 및 부재료

버터 50g, 파슬리 2t, 레몬즙 2t, 소금 2g, 후추 2g

조리방법

1. 파슬리는 줄기를 제거한 후 잎만 잘게 다진다.
2. 냄비에 버터를 녹인 후 소금과 후추를 섞는다.
3. 버터가 갈색이 되면 파슬리와 레몬즙을 넣는다.

어울리는 음식 : 소고기 요리, 구이 요리

양식

037 베어네즈 소스

Bearnaise Sauce

주재료 및 부재료

달걀 노른자 1개, 버터 150g, 화이트 와인 2T, 양파 1/4개, 레몬즙 1T, 타라곤 1/3t, 통후추 3알, 식초 2T, 소금 2g, 후추 2g

조리방법

1. 양파는 곱게 다진다.
2. 냄비에 버터를 넣고 약불에 녹인다.
3. 버터의 유지방이 분리되면 숟가락을 이용해 흰색의 불순물을 제거한다.
4. 새로운 냄비에 화이트 와인, 식초, 다진 양파와 통후추, 타라곤을 넣어 중불에서 3분 동안 끓인 후 체에 걸러 타라곤 주스를 만든다.
5. 볼에 달걀 노른자를 넣고 3.을 조금씩 넣어가며 섞는다.
6. 5.에 레몬즙과 타라곤 주스를 넣는다.
7. 소금과 후추로 간한다.

어울리는 음식 : 채소 요리

038 베이컨 크림 Bacon Cream

주재료 및 부재료

베이컨 2장, 생크림 3T, 양파 1/8개, 마늘 2쪽, 화이트 와인 1T, 통후추 5알, 소금 2g, 후추 2g

조리방법

1. 베이컨은 먹기 좋은 크기로 잘라 중불에서 굽는다. 이때 베이컨에서 나온 기름은 따로 모아 준비한다.
2. 양파와 마늘은 곱게 다진다.
3. 팬에 베이컨 기름을 두른 후 양파와 마늘을 중불에서 갈색이 되도록 볶는다.
4. 팬에 베이컨과 생크림을 넣고 약불로 4분간 졸인다.
5. 통후추는 칼등으로 으깨어 팬에 넣는다.
6. 소금과 후추로 간을 한 후 불을 끄고 식힌다.
7. 블렌더에 8을 넣고 곱게 간 다음 화이트 와인을 넣는다.

어울리는 음식 : 채소 요리, 샐러드

양식

039 브로콜리 소스 Broccoli Sauce

주재료 및 부재료

브로콜리 2개, 엔초비 3마리, 마늘 1쪽, 홍고추 1개, 발사믹 치즈 1/4C, 올리브유 5T

조리방법

1. 브로콜리는 기둥을 제거한 후 끓는물에 부드러워질 때까지 삶는다. 이때 삶은 물은 버리지 않는다.
2. 엔초비와 마늘, 홍고추는 다진다.
3. 브로콜리는 먹기 좋은 크기로 작게 다진다.
4. 팬에 오일을 3T 두른 후 마늘과 엔초비, 홍고추를 넣고 약불에 볶는다.
5. 팬에 다진 브로콜리를 넣은 후 중불로 볶는다.
6. 팬에 브로콜리 삶을 물을 1C 넣어 주며 볶는다.
7. 소스가 끓으면 올리브유 2T와 치즈를 넣는다.

어울리는 음식 : 파스타, 채소 요리

040 블루베리 소스 Blueberry Sauce

주재료 및 부재료

블루베리 200g, 설탕 60g

조리방법

1. 냄비에 블루베리와 설탕을 넣어 섞은 후 1시간 동안 놓아둔다.
2. 중불에 끓어오르면 거품을 걷어내고 약불로 10분 동안 끓인 뒤 불을 끈다.

어울리는 음식 : 디저트, 아이스크림

041 샴페인 비네가 소스

Champagne Vinegar Sauce

주재료 및 부재료

엑스트라 버진 올리브 오일 1C, 적양파 1/4개, 샴페인 비네가 3T, 타임 10줄기, 딜 10줄기, 처빌 5줄기, 홍피망 1개, 꿀 4T, 배 1/2개, 소금 2g, 후추 2g

조리방법

1. 양파는 깨끗이 손질한 후 주사위 모양으로 잘라 물에 1분 정도 담가서 매운맛을 제거한 후 거즈로 물기를 제거한다.
2. 홍피망은 씨를 제거한 후 양파와 같은 크기로 작게 주사위 모양으로 썬다.
3. 타임과 딜, 처빌은 줄기를 제거한 후 잘게 다진다.
4. 배는 껍질과 씨를 제거해 준비한다.
5. 블렌더에 배와 꿀, 올리브오일, 샴페인 비네가를 넣고 간다.
6. 볼에 다진 타임과 딜, 처빌, 양파, 피망, 그리고 갈은 배를 한데 섞어 거품기로 저으며 소금과 후추로 간한다.

어울리는 음식 : 해물 요리, 샐러드, 채소 요리

042 샴페인 사바용 소스
Champagne Sabayon Sauce

주재료 및 부재료

달걀 노른자 1개, 생크림 2T, 오렌지 주스 3T, 샴페인 1T, 설탕 2T

조리방법

1. 볼에 노른자와 설탕을 넣고 섞는다.
2. 냄비에 물을 끓인 후 1.을 올려 중탕한다.
3. 색이 노란색에서 연한 노란색으로 변하면 과일주스와 샴페인을 넣는다.
4. 다른 볼에 생크림과 설탕을 넣고 섞어 준비한다.
5. 3.에 4.를 넣어 섞는다.

어울리는 음식 : 과일 요리, 디저트

양식

043 성게알 아이올리 소스

Sea Urchin Roe Aioli Sauce

주재료 및 부재료

엑스트라 버진 올리브 오일 3T, 달걀 노른자 2개, 성게알 30g, 다진 레몬 껍질 1t, 바질 4장, 마늘즙 1T, 화이트 와인 2T, 소금 2g, 후추 2g

조리방법

1. 바질은 흐르는 물에 씻은 후 잘게 다진다.
2. 볼에 노른자를 넣고 올리브 오일을 섞어가며 거품을 내 마요네즈를 만든다.
3. 블렌더에 마요네즈와 나머지 모든 재료를 넣고 간다.
4. 소금과 후추로 간한다.

어울리는 음식 : 샐러드, 스시 요리, 튀김 요리

044 쇼롱 소스 *Choron Sauce*

주재료 및 부재료

베어네즈 소스 100mL, 토마토 페이스트 1t, 토마토 1개, 화이트 와인 1T, 생크림 1T, 올리브 오일 1t, 소금 2g, 후추 2g

조리방법

1. 팬에 오일을 두른 후 토마토 페이스트를 넣어 중불에 볶는다.
2. 팬에 화이트 와인과 생크림을 넣는다.
3. 토마토는 십자 칼집을 낸 후 끓는 물에 살짝 데쳐 찬물에서 껍질을 제거하고 4등분하여 씨를 제거한다.
4. 토마토를 주사위 모양으로 작게 자른다.
5. 2.에 토마토를 섞는다.
6. 소금과 후추로 간한다.

어울리는 음식 : 내장 요리, 그라탱 요리, 해물 요리

045 슈프림 소스 Supreme Sauce

주재료 및 부재료

닭 벨루테 소스 100ml, 생크림 2T, 버터 2t, 소금 2g, 흰후추 2g

조리방법

1. 벨루테 소스와 생크림을 섞은 후 팬에 담아 약불로 끓인다.
2. 소금과 후추로 간한다.
3. 버터를 넣고 섞어 녹인 후 체에 거른다.

어울리는 음식 : 치킨 요리, 찜, 해물 요리

046 스테이크 불고기 소스

Steak Sauce

주재료 및 부재료

레드와인 1/2C, 간장 2t, 설탕 1t, 양파즙 2T, 생강즙 1/2t, 마늘즙 1/2t

조리방법

1. 냄비에 레드와인을 넣고 강불에서 알코올을 날린다.
2. 나머지 재료를 모두 넣고 끓인다.
3. 끓어오르면 불을 끄고 소금과 후추로 간한다.

어울리는 음식 : 불고기, 소고기 요리, 채소 요리

047 스트로가노프 소스

Stroganoff Sauce

주재료 및 부재료

데미글라스 소스 100ml, 양파 1/4개, 마늘 2쪽, 레드와인 2T, 생크림 4T, 올리브 오일 1T, 월계수 잎 1장, 로즈마리 1줄기, 소금 2g, 후추 2g

조리방법

1. 양파와 마늘은 곱게 다진다.
2. 팬에 오일을 두른 후 양파와 마늘을 넣고 중불에서 갈색이 될 때까지 볶는다.
3. 레드와인을 넣고 양이 1/2이 될 때까지 졸인다.
4. 팬에 데미글라스 소스와 월계수잎, 로즈마리를 넣고 중불에서 5분 동안 끓인다.
5. 소스가 끓어오르면 생크림을 넣어 약불에서 2분 동안 끓인다.
6. 소금과 후추로 간한다.

어울리는 음식 : 소고기 요리, 스튜 요리

048 스파이스 우스터

Spice Worcester

주재료 및 부재료

우스터 소스 1C, 마늘 1쪽, 월계수 잎 1장, 씨겨자 2g, 셀러리 5g

조리방법

1. 마늘은 얇게 채 썬다.
2. 셀러리는 잘게 다진다.
3. 냄비에 우스터 소스와 모든 재료를 넣어 중불로 끓인다.

어울리는 음식 : 튀김 요리, 소고기 요리

양식

049 스파이시 버터 Spicy Butter

주재료 및 부재료

버터 50g, 칠리 피클 2개, 청양고추 1개, 다진 자몽 껍질 1/2t, 타임 2줄기, 꽃소금 2g, 다진 마늘 1/2t

조리방법

1. 버터는 마요네즈처럼 녹을 때까지 실온에 둔다.
2. 타임은 줄기를 제거하여 잎만 준비한다
3. 청양고추와 칠리 피클은 씨를 제거하여 잘게 다진 후 물기를 제거한다.
4. 랩에 녹은 버터를 깔고, 버터 위에 청양고추와 칠리피클, 타임 잎과 다진 자몽 껍질을 넣고 고루 섞는다.
5. 꽃소금으로 간한다.
6. 랩을 돌돌 말아 냉동실에 보관한다.
7. 사용할 때마다 칼로 조금씩 잘라 사용한다.

어울리는 음식 : 스테이크, 소고기 요리, 생선 요리, 볶음 요리

050 스파이시 스페어 립 소스

Spicy Spare Rib Sauce

주재료 및 부재료

간장 1T, 피시 소스 2t, 흑설탕 1.5T, 사오싱주 1T, 식초 1/2T, 마늘즙 1/2t, 후추 2g

조리방법

1. 볼에 모든 재료를 섞는다.

어울리는 음식 : 소고기 요리, 불고기, 립 요리

051 스페어 립 소스

Spare Rib Sauce

주재료 및 부재료

양파즙 2T, 레드와인 1/4C, 마늘즙 1t, 토마토케첩 2T, 간장 1T, 소금 1t, 후추 1t, 너트메그 2g

조리방법

1. 볼에 모든 재료를 넣고 고루 섞는다.

어울리는 음식 : 소고기 요리, 돼지고기 요리

052 시럽 Sirup

주재료 및 부재료

설탕 2/3C, 물 1C

조리방법

1. 냄비에 설탕과 물을 넣어 중불에 끓인다.
2. 설탕이 끓기 시작하면 3분 정도 더 끓인 후 불을 끈다.

어울리는 음식 : 디저트

053 시저 드레싱 Caesar Dressing

주재료 및 부재료

와인 비네거 1/4C, 식용유 1/2C, 소금 1t, 후추 1/4t, 다진 양파 1T, 다진 마늘 1t, 다진 엔초비 3마리, 레몬즙 1T, 치즈 가루 2T, 화이트 와인 1T, 달걀 노른자 1개, 케이퍼 4알, 연겨자 1/2t

조리방법

1. 볼에 와인 비네거, 식용유를 잘 섞은 후 소금과 후추로 간한다.
2. 1에 달걀 노른자를 넣고 잘 섞는다.
3. 2에 남은 재료를 모두 넣고 섞는다.

어울리는 음식 : 샐러드, 채소 요리

054 시트러스 그레몰라타

Citrus Gremolata

주재료 및 부재료

레몬 1/2개, 자몽 1/4개, 오렌지 1/2개, 파슬리 60g, 마늘 1쪽, 설탕 1t, 올리브 오일 2T, 소금 2g, 흰 후추 2g

조리방법

1. 레몬, 자몽, 오렌지는 껍질과 과육을 분리한 후 껍질은 곱게 다져 준비하고 과육은 즙을 낸다.
2. 파슬리는 곱게 다진 후 거즈에 담아 물에 헹구어 향을 뺀다.
3. 마늘은 곱게 다진다.
4. 볼에 모든 재료를 섞는다.

어울리는 음식 : 샐러드, 해물 요리, 채소 요리, 생선 요리

055 시트러스 살사 *Citrus Salsa*

주재료 및 부재료

자몽 1/2개, 오렌지 1/2개, 적양파 1/4개, 유자청 2t, 딜 2줄기, 처빌 2줄기, 바질 2잎, 엑스트라 버진 올리브 오일 50mL, 화이트 와인 식초 1T, 소금 1g, 후추 1g

조리방법

1. 적양파는 다진 후 찬물에 담갔다가 거즈로 물기를 제거한다.
2. 오렌지와 자몽은 껍질과 속살을 분리한 후 속살은 주사위 모양으로 썰고 껍질은 얇게 채 썰어 끓는 물에 데친다.
3. 바질과 채썬 껍질을 잘게 다진다.
4. 딜과 처빌은 잎사귀만 떼어 다진다.
5. 블렌더에 오렌지와 자몽, 유자청, 올리브 오일, 와인 식초를 넣고 갈아준 후 체에 거른다.
6. 볼에 모든 재료를 넣고 섞는다.
7. 반나절 정도 냉장 숙성시킨다.

어울리는 음식 : 샐러드, 채소 요리

056 씨 겨자 소스

Mustard Seed Sauce

주재료 및 부재료

홀그레인 머스터드 100g, 올리브 오일 1C, 꿀 5T, 레몬 주스 1T, 화이트 와인 2T, 화이트 와인 식초 2T, 소금 2g, 후추 2g

조리방법

1. 볼에 홀그레인 머스터드와 꿀, 화이트 와인, 화이트 와인 식초, 레몬 주스를 담아 거품기를 이용해 고루 섞는다.
2. 1.에 올리브 오일을 조금씩 넣어가며 섞는다.
3. 소금과 후추로 간한다.
4. 반나절 동안 냉장 숙성시킨다.

어울리는 음식 : 샐러드, 채소 요리, 소고기 요리

057 씨 겨자 허니 소스

Whole Grain Honey Sauce

주재료 및 부재료

씨 겨자 3T, 엑스트라 버진 올리브 오일 5T, 꿀 1T, 로즈마리 1줄기, 마늘 2쪽, 생크림 2T, 소금 2g, 후추 2g

조리방법

1. 로즈마리는 줄기를 제거하고 잎사귀만 떼어 준비한다.
2. 블렌더에 오일과 로즈마리 잎, 마늘을 넣고 간다.
3. 볼에 간 재료와 씨겨자, 생크림을 넣고 고루 섞는다.
4. 꿀, 소금, 후추로 간한다.

어울리는 음식 : 소고기 요리, 튀김

058 아메리칸 소스 American Sauce

주재료 및 부재료

로브스타 껍질 1개, 생선 육수 1C, 양파 1/2개, 당근 1/4개, 셀러리 1/4개, 버터 50g, 월계수잎 2장, 타임 1t, 밀가루 2T, 토마토 3개, 토마토 페이스트 150g, 화이트 와인 3T, 소금 2g, 후추 2g

조리방법

1. 양파와 당근, 셀러리, 마늘은 곱게 다진다.
2. 팬에 오일을 두른 후 마늘을 넣고 갈색이 될 때까지 볶는다.
3. 양파와 당근, 셀러리를 넣고 볶는다.
4. 로브스타 껍질을 넣어 으깨며 볶는다.
5. 화이트 와인을 넣고 알코올을 날린 뒤 양이 1/3이 될 때까지 졸인다.
6. 새로운 팬에 토마토 페이스트를 넣어 볶은 후 토마토와 생선 육수를 넣는다.
7. 5.와 6.을 섞어 농도가 걸죽해 질 때까지 졸인다.
8. 소금, 후추로 간한 후 체에 거른다.

어울리는 음식 : 찜 요리, 로브스타 요리

양식

059 아보카도 딥 소스

Avocado Dip Sauce

주재료 및 부재료

아보카도 1개, 레몬즙 1t, 생크림 2T, 소금 2g, 후추 2g, 카레 가루 2g

조리방법

1. 아보카도는 껍질과 씨를 제거한 후 으깬다.
2. 볼에 모든 재료를 넣고 고루 섞는다.

어울리는 음식 : 튀김 요리

060 아보카도 오일 Avocado Oil

주재료 및 부재료

아보카도 1개, 양파 1/4개, 레몬 1/2개, 올리브 오일 200mL, 식초 2T, 소금 2g

조리방법

1. 양파는 잘게 다진 후 찬물에 1분 동안 담가 매운맛을 없애고 거즈에 걸러 물기를 제거한다.
2. 아보카도는 껍질과 씨를 제거한다.
3. 레몬은 껍질과 속살을 분리한 후 속살은 즙을 내고 껍질은 얇게 다진다.
4. 블렌더에 레몬 껍질과 올리브유를 제외한 모든 재료를 넣은 후 올리브 오일을 조금씩 넣어 가며 간다.
5. 갈아 둔 재료에 레몬 제스트를 넣는다.

어울리는 음식 : 샐러드, 롤 요리

양식

061 아이올리 소스 Aioli Sauce

주재료 및 부재료

엑스트라 버진 올리브 오일 1C, 머스터드 3T, 다진 마늘 3T, 레몬 주스 3T, 달걀 노른자 3개, 다진 파슬리 1T, 후추 2g, 꿀 3T

조리방법

1. 볼에 노른자를 넣고 올리브 오일로 거품을 내가며 마요네즈를 만든다.
2. 1.에 후추를 제외한 모든 재료를 섞는다.
3. 후추로 간을 맞춘다.
4. 하루 동안 냉장 숙성한다.

어울리는 음식 : 샐러드, 해물 요리, 꼬치 요리

062 알망드 소스 Allemande Sauce

주재료 및 부재료

닭 육수 5T, 치킨 벨루테 소스 4T, 달걀 노른자 1개, 우유 2T, 레몬즙 2T, 너트메그 1/2t, 소금 2g, 흰후추 2g

조리방법

1. 냄비에 닭 육수와 벨루테 소스를 넣고 중불에 끓인다.
2. 냄비에 노른자와 우유를 넣고 약불로 줄여 끓인다.
3. 냄비에 레몬즙을 조금씩 넣어 저어 가며 소스를 푼다.
4. 소금과 후추, 너트메그로 간한다.

어울리는 음식 : 치킨 요리, 볶음 요리

063 애플 시나몬 소스

Apple Cinnamon Sauce

주재료 및 부재료

엑스트라 버진 올리브 오일 1T, 사과 1개, 계핏가루 1T, 양파 1/4개, 정종 100mL, 채 썬 자몽 껍질 1장, 설탕 1/2T, 건포도 20g, 꿀 2g

조리방법

1. 양파와 사과는 깨끗이 손질한 후 껍질을 제거해 0.3cm 크기로 슬라이스한다.
2. 팬에 오일을 두른 후 양파를 볶는다.
3. 2에 정종을 넣어 강불에서 알코올을 날린다.
4. 팬에 사과, 계핏가루, 설탕, 건포도를 넣어 섞어 끓인 후 꿀을 넣고 한번 더 끓인다.
5. 4가 끓으면 불을 끄고 식힌 후 자몽 껍질을 넣는다.

어울리는 음식 : 치킨 요리, 구이 요리

064 애플 처트니 Apple Chutney

주재료 및 부재료

사과 1개, 물 50mL, 설탕 2T, 간 생강 1t, 커리 2t, 식초 50mL

조리방법

1. 사과는 껍질을 제거한 후 먹기좋은 크기로 자른다.
2. 냄비에 물과 설탕을 넣어 녹인다.
3. 설탕물에 커리를 넣어 푼다.
4. 3에 나머지 재료를 모두 넣어 사과가 뭉개질 정도로 익힌다.
5. 꿀을 넣는다.

어울리는 음식 : 오리고기 요리, 치킨 요리, 돼지고기 요리

양식

065 야생초 페스토 소스

Wild Plants Festo Sauce

주재료 및 부재료

취나물 50g, 참나물 50g, 잣 1T, 다진 마늘 1/2T, 엑스트라 버진 올리브 오일 1C, 파르메산 치즈가루 1T, 소금 2g, 후추 2g

조리방법

1. 취나물과 참나물은 잎사귀만 따로 떼어 깨끗이 씻은 후 잘게 다진다.
2. 블렌더에 1과 잣, 다진 마늘을 넣고 올리브 오일을 넣어 가며 간다.
3. 2.에 파르메산 가루, 후추, 소금으로 간을 한다.
4. 냉장고에 하루 동안 숙성시킨다.

어울리는 음식 : 파스타, 해물 요리

066 양송이 소스 Mushroom Sauce

주재료 및 부재료

데미글라스 소스 2C, 양파 1개, 올리브 오일 2T, 양송이 버섯 10개, 토마토 케첩 2T, 계핏가루 1t, 화이트 와인 2T, 꿀 1t, 소금 2g, 후추 2g

조리방법

1. 양송이 버섯은 깨끗이 손질한 후 얇게 슬라이스한다.
2. 양파는 얇게 슬라이스한다.
3. 팬에 오일을 두른 후 양파를 볶는다.
4. 양파 숨이 죽으면 양송이를 넣고 볶는다.
5. 팬에 화이트 와인을 넣고 볶는다.
6. 토마토 케첩과 데미글라스 소스, 계핏가루를 넣고 볶는다.
7. 재료가 끓으면 꿀, 소금, 후추로 간한다.

어울리는 음식 : 소고기 요리, 튀김 요리

067 어니언 소스 Onion Sauce

주재료 및 부재료

양파 1/2개, 데미글라스 소스 100mL, 화이트 와인 1T, 마늘 5쪽, 식초 1T, 월계수 잎 1장, 올리브 오일 1T, 소금 2g, 후추 2g

조리방법

1. 양파와 마늘은 곱게 다진다.
2. 팬에 오일을 두른 후 양파와 마늘을 갈색이 날 때까지 볶는다.
3. 팬에 화이트 와인을 넣고 알코올을 날린 뒤 양이 1/3이 되도록 졸인다.
4. 팬에 데미글라스 소스와 월계수 잎을 넣고 중불에서 20분 동안 끓인다.
5. 소금, 후추, 식초로 간한다.

어울리는 음식 : 튀김 요리, 소고기 요리

068 에스닉 소스 Ethnic Sauce

주재료 및 부재료

마늘 2쪽, 파 1/2개, 홍고추 2개, 피시 소스 2T, 식초 2T, 레몬즙 1T, 참기름 1T, 후추 2g, 설탕 2g

조리방법

1. 마늘과 파는 깨끗이 손질한 후 다진다.
2. 홍고추는 꼭지와 씨를 제거해 송송 썬다.
3. 팬에 참기름을 두른 후 마늘과 홍고추, 파를 넣고 달달 볶는다.
4. 향이 나기 시작하면 나머지 재료를 모두 넣어 섞는다.

어울리는 음식 : 소고기 요리, 생선 요리

069 에스프레소 크림

Espresso Cream

주재료 및 부재료

에스프레소 3T, 생크림 2T, 우유 1T, 달걀 노른자 1개, 민트 3장, 레몬 1개, 바닐라 에센스 1/3t, 설탕 1T, 소금 1/2t

조리방법

1. 레몬은 껍질과 속살을 분리하고 속살은 즙을 만든다.
2. 민트는 잎만 떼어서 곱게 다진다.
3. 팬에 생크림과 우유를 넣고 약불에서 양이 1/3이 될 때까지 졸인다.
4. 3.에 소금을 넣고 불을 끈다.
5. 볼에 노른자를 넣고 4.를 조금씩 넣어 가며 빠르게 휘젓는다.
6. 5.를 체에 거른다.
7. 새로운 팬에 에스프레소와 체에 거른 재료를 넣고 약불에서 끓인다.
8. 팬에 다진 민트와 바닐라 에센스, 레몬즙을 넣는다.

어울리는 음식 : 디저트

070 엔초비 버터 Anchovy Butter

주재료 및 부재료

버터 150g, 엔초비 2마리, 파슬리 10g, 타임 5줄기, 다진 마늘 1T, 올리브 15g, 통후추 10알

조리방법

1. 버터는 크림처럼 부드럽게 녹도록 실온에 놓는다.
2. 파슬리는 물에 담근 후 줄기를 제거해 잘게 다진다.
3. 타임은 줄기를 제거하여 잎만 잘게 다진 후 파슬리와 각각 면보로 즙을 꼭 짠다.
4. 올리브는 잘게 다져 물기를 제거한다.
5. 통후추는 으깬다.
6. 버터는 블렌더에 갈아 크림화시킨다.
7. 크림화된 버터에 모든 재료를 넣어 잘 섞는다.

어울리는 음식 : 생선 요리, 해물 요리

양식

071 오렌지 소스 Orange Sauce

주재료 및 부재료

오렌지 소스

조리방법

1. 오렌지를 껍질과 속살을 분리한 후 속살은 즙을 내고, 껍질은 얇게 채 썰어 준비한다.
2. 팬에 설탕과 과즙을 넣고 중불에서 끓인다.
3. 끓어오르기 시작하면 껍질을 제거하고 불을 끈다.

어울리는 음식 : 크레페, 디저트, 요거트

072 오렌지 마멀레이드 소스

Orange Marmalade Sauce

주재료 및 부재료

오렌지 1개, 레몬 1/2개, 설탕 4T, 오렌지 주스 50mL, 바질잎 3장

조리방법

1. 오렌지와 레몬 껍질은 흐르는 물에 굵은 소금을 이용하여 박박 씻는다.
2. 오렌지와 레몬은 속살과 껍질을 분리한 후 껍질은 얇게 채 썰어 끓는 물에 살짝 데친다.
3. 블렌더에 오렌지 주스와 오렌지, 레몬 속살을 넣어 간다.
4. 바질을 얇게 채 썬다.
5. 냄비에 갈아준 과육과 설탕을 넣고 양이 1/2이 될 때까지 졸인다.
6. 채 썬 껍질을 넣어 5분 정도 더 끓인 후 불을 끄고 식힌다.
7. 채 썬 바질을 넣는다.

어울리는 음식 : 샐러드, 소고기 요리, 오리 요리, 생선 요리, 치킨 요리

073 오렌지 민트 크림 소스

Orange Mint Cream Sauce

주재료 및 부재료

망고 1개, 망고 퓌레 100mL, 할라페뇨 1개, 올리브오일 1T, 브랜디 1T, 타임 3줄기, 생크림 2T, 꿀 2g

조리방법

1. 망고는 껍질을 제거하고 과육만 다이스 모양으로 자른다.
2. 할라페뇨는 다진 후 물기를 제거한다.
3. 타임은 잎만 떼어 다진다.
4. 팬에 오일을 두른 후 할라페뇨와 타임을 볶는다.
5. 팬에 브랜디를 넣어 향을 낸 후 망고 퓌레, 생크림을 넣고 중불에서 끓인다.
6. 재료가 끓으면 다이스한 망고 과육을 넣어 5분간 더 끓인다.
7. 꿀을 넣는다.

어울리는 음식 : 스튜 요리, 오리 요리, 생선 요리

074 오렌지 캐러멜 소스

Orange Caramel Cream

주재료 및 부재료

오렌지 1개, 오렌지 주스 2T, 럼 1t, 민트 1줄기, 설탕 1T, 생크림 2T

조리방법

1. 민트는 잎사귀만 떼어 다진다.
2. 오렌지는 껍질과 속살을 분리한 후 속살은 즙을 내고 껍질은 얇게 채 썰어 준비한다.
3. 오렌지 주스에 오렌지 즙을 섞는다.
4. 팬에 설탕을 넣고 중불로 설탕 1/2T를 녹인다.
5. 설탕이 녹으면 약불로 설탕이 연갈색이 되도록 녹인다.
6. 5.에 나머지 설탕 1/2T를 넣어 섞어 가며 다시 녹인다.
7. 팬에 생크림을 조금씩 넣어 가며 섞는다.
8. 팬에 3.을 넣어 섞은 후 채 썬 오렌지 껍질과 럼을 넣어 약불에서 5분간 끓인다.
9. 민트를 넣는다.

어울리는 음식 : 디저트, 아이스크림

075 오로라 소스 Aurora Sauce

주재료 및 부재료

생크림 1T, 토마토 페이스트 1/2t, 슈프림 소스 100mL, 우유 1T, 화이트 와인 1t, 올리브 오일 1T, 소금 2g, 후추 2g

조리방법

1. 팬에 오일을 두른 후 토마토 페이스트를 중불에 2분 동안 볶는다.
2. 팬에 슈프림 소스를 넣어 잘 푼다.
3. 새로운 팬에 화이트 와인을 넣고 알코올을 날려준 뒤 2.에 넣는다.
4. 팬에 생크림과 우유를 넣고 약불에서 간간히 끓인다.
5. 소금과 후추로 간한다.

어울리는 음식 : 치킨 요리, 생선 요리, 해물 요리, 채소 요리

076 올리브 오이 드레싱

Olive Cucumber Dressing

주재료 및 부재료

오이 1개, 올리브 3개, 올리브 오일 3T, 레몬 1/4개, 식초 2t, 파슬리 1/2개, 설탕 2t, 소금 2g

조리방법

1. 오이는 굵은 소금을 이용해 흐르는 물에 돌려 가며 가시를 제거하고, 꼭지와 씨를 제거한 후 강판에 간다.
2. 파슬리는 찬물에 담가 싱싱하게 한 후 줄기를 제거하고 잎만 돌돌 말아 곱게 다져 거즈에 넣고 물기를 제거한다.
3. 올리브는 곱게 다진다.
4. 레몬은 껍질과 속살을 분리한 후 속살은 즙을 짠다.
5. 볼에 오이, 올리브, 설탕을 섞어 설탕이 완전히 녹으면 올리브 오일, 파슬리, 레몬 즙, 식초, 소금을 넣는다.
6. 블렌더에 모든 재료를 넣어 간다.

어울리는 음식 : 샐러드, 채소 요리

077 올리브 오일 마요네즈
Olive Oil Mayonnaise

주재료 및 부재료

올리브 오일 150mL, 달걀 노른자 1개, 레몬 1/2개, 식초 1T, 화이트 와인 1T, 소금 약간, 흰 후춧가루 약간

조리방법

1. 레몬은 즙을 만들고, 레몬 껍질은 제스트에서 곱게 다진다.
2. 큰 볼에 달걀 노른자를 넣은 후 올리브 오일을 천천히 넣어가며 섞는다.
3. 달걀 노른자에 올리브 오일을 1/2 정도 섞은 후 레몬즙, 식초를 넣어 농도를 만든다.
4. 달걀 노른자에 나머지 올리브 오일을 계속 넣어가며 완전히 섞은 후 화이트 와인으로 농도를 조절한다.
5. 다진 레몬 껍질과 소금, 흰 후춧가루로 간을 하여 소스를 완성한다.

어울리는 음식 : 샐러드, 채소 요리, 쌀 요리, 콩 요리

078 이탈리안 드레싱

주재료 및 부재료

피망 1/6개, 양파 1/6개, 올리브 오일 100mL, 파슬리 1/4개, 레몬 1/2개, 머스터드 1t, 화이트 와인 2T, 식초 2T, 설탕 1t, 소금 2g, 후추 2g

조리방법

1. 피망은 곱게 다진다.
2. 파슬리는 찬물에 담가 싱싱함을 살렸다가 다진 후 거즈로 물기를 제거한다.
3. 레몬은 껍질과 속살을 분리한 후 속살은 즙을 내고 껍질은 얇게 채 썬다.
4. 양파는 잘게 자른 후 찬물에서 1분 동안 담가 매운맛을 제거하고 거즈로 물기를 제거한다.
5. 볼에 피망과 파슬리, 양파, 레몬 껍질을 넣고 화이트 와인, 설탕, 소금, 후추를 넣어 잘 녹여준다.
6. 볼에 머스터드, 식초를 넣고 섞는다.
7. 볼에 레몬즙과 올리브 오일을 넣고 섞는다.

어울리는 음식 : 샐러드, 채소 요리

079 잠발라야 소스

주재료 및 부재료

토마토 케첩 2T, 카레 가루 1t, 타바스코 1t, 소금 2g, 후추 2g, 양파 1/4개, 토마토 1/2개, 올리브 오일 1T

조리방법

1. 토마토와 양파는 거칠게 다진다.
2. 팬에 오일을 두른 후 양파를 볶는다.
3. 팬에 토마토와 나머지 재료를 모두 넣어 잘 섞는다.

어울리는 음식 : 밥 요리, 볶음 요리

080 제노베제 소스 Genovese Sauce

주재료 및 부재료

엔초비 3장, 잣 2T, 마늘 1쪽, 바질 150g, 올리브유 1/2C, 고춧가루 2g

조리방법

1. 블렌더에 엔초비, 잣, 마늘을 넣고 간다.
2. 1.에 올리브유와 바질을 조금씩 넣어 가며 함께 간다.
3. 2.에 고춧가루를 섞는다.

어울리는 음식 : 파스타, 밥 요리, 피자

081 지중해 소스

Mediterranean Sauce

주재료 및 부재료

올리브유 3T, 화이트 와인 2T, 마른 로즈마리 1/3t, 카레 가루 2g, 소금 2g, 굵은 후추 2알

조리방법

1. 굵은 후추는 무거운 병으로 부순다.
2. 볼에 모든 재료를 넣어 잘 섞는다.

어울리는 음식 : 샐러드, 채소 요리, 쌀 요리, 콩 요리

082 채소크림 Vegetable Cream

주재료 및 부재료

벨루테 소스 100mL, 양파 1/4개, 마늘 1쪽, 화이트 와인 3T, 월계수 잎 1장, 꿀 2t, 생크림 100mL, 버터 2t, 후추 2g

조리방법

1. 양파는 잘게 자른 후 찬물에 1분 동안 담가 매운맛을 빼고 거즈로 물기를 제거한다.
2. 마늘은 다진다.
3. 팬에 버터를 녹인 후 마늘과 양파를 넣고 중불에서 볶는다.
4. 팬에 화이트 와인을 넣고 알코올을 날린다.
5. 팬에 생크림을 넣고 졸인다.
6. 팬에 벨루테 소스를 넣어 풀어준 후 후추, 월계수 잎, 꿀을 넣고 약불에서 10분 동안 끓인다.
7. 소금으로 간한다.

어울리는 음식 : 밥 요리, 생선 요리, 해물 요리

양식

083 체리 컴포트 Cherry Compote

주재료 및 부재료

체리 10알, 설탕 1T, 레드 와인 2T, 레몬 1개, 민트 5장, 물 2T, 버터 1t

조리방법

1. 체리는 줄기와 씨를 제거해 깨끗이 손질한다.
2. 민트는 잎만 떼어 잘 다진다.
3. 레몬은 즙을 낸다.
4. 팬에 버터를 녹인 후 체리를 넣어 중불에 2분 동안 볶는다.
5. 팬에 레드 와인을 넣고 강불에서 알코올을 날린 후 약불로 졸인다.
6. 팬에 레몬즙과 민트, 설탕을 넣고 20분 동안 잘 저어가며 끓인다.

어울리는 음식 : 디저트, 아이스크림, 푸딩

084 초콜릿 소스 Chocolate Sauce

주재료 및 부재료

초콜릿 50g, 우유 2T, 생크림 2T

조리방법

1. 초콜릿은 잘게 다진다.
2. 냄비에 우유와 생크림을 넣고 중불에서 끓어오를 때까지 끓인다.
3. 냄비에 초콜릿을 넣고 약불에서 녹여 가며 섞는다.

어울리는 음식 : 디저트, 아이스크림, 과일 요리

양식

085 칠리 소스 Chili Sauce

주재료 및 부재료

스위트 칠리 소스 2T, 피시 소스 2t, 레몬즙 2t

조리방법

1. 볼에 모든 재료를 넣고 섞는다.

어울리는 음식 : 치킨 요리, 튀김, 생선 요리

086 칠리 스위트 소스

Chili Sweet Sauce

주재료 및 부재료

스위트 칠리 소스 1/2C, 올리브 오일 8T, 레몬 1개, 생수 3T, 레몬 주스 2T, 간 생강 1/2t, 유자청 4T, 바질 5장, 고수 4잎

조리방법

1. 레몬은 즙을 짠다.
2. 바질은 잘게 다진다.
3. 블렌더에 바질과 레몬즙 그리고 모든 재료를 넣고 간다.
4. 냉장고에 반나절 동안 숙성시킨다.

어울리는 음식 : 해물 요리, 샐러드

양식

087 캐러멜 소스 Caramel Sauce

주재료 및 부재료

설탕 3T, 생크림 3T, 버터 1T, 레몬 1/2개, 바닐라 에센스 1/3t

조리방법

1. 레몬은 즙은 짠다.
2. 팬에 설탕의 반을 넣고 중불에 녹여 가며 약불로 낮춰 갈색으로 녹인다.
3. 2가 갈색으로 녹으면 나머지 설탕 반을 넣고 녹인다.
4. 팬에 생크림을 넣고 고루 섞는다.
5. 팬에 레몬즙과 바닐라 에센스를 넣는다.

어울리는 음식 : 과일 요리, 아이스크림, 디저트

088 커스터드 Custard

주재료 및 부재료

달걀 노른자 3개, 우유 1/2C, 설탕 3T, 럼 1T

조리방법

1. 냄비에 노른자와 설탕을 넣고 잘 섞은 뒤 우유를 넣고 다시 섞는다.
2. 냄비를 약불에서 잘 저어가며 끓이다가 끈기가 생기면 불을 끈다.
3. 냄비를 찬물에 담가 빠르게 식힌다.
4. 럼주를 넣는다.

어울리는 음식 : 디저트, 푸딩, 아이스크림

양식

089 케이퍼 소스 Caper Sauce

주재료 및 부재료

케이퍼 1T, 플레인 요거트 1개, 양파 1/4개, 배 1/6개, 오렌지 껍질 1/6개, 꿀 2g, 소금 2g, 후추 2g

조리방법

1. 배는 깨끗이 손질한 후 껍질을 제거하고 강판에 갈아 즙을 낸다.
2. 양파는 거칠게 다진다.
3. 오렌지 껍질은 얇게 채 썬다.
4. 블렌더에 배, 양파, 케이퍼, 오렌지 껍질을 넣고 간다.
5. 4에 꿀, 소금, 후추를 넣는다.
6. 반나절 정도 냉장 숙성시킨다.

어울리는 음식 : 생선 요리, 회

090 켓카 *Checca*

주재료 및 부재료

토마토 4개, 마늘 1쪽, 엑스트라 버진 올리브유 2T, 바질 5장, 소금 2g, 후추 2g

조리방법

1. 토마토에 십자 칼집을 낸 후 끓는 물에 살짝 데쳐 찬물에 넣어 껍질을 제거한다.
2. 토마토를 다이스 모양으로 자른다.
3. 바질은 손으로 찢는다.
4. 마늘은 거칠게 다진다.
5. 볼에 모든 재료를 넣고 잘 섞는다.

어울리는 음식 : 쌀 요리, 파스타, 빵

091 콜슬로 Coleslaw

주재료 및 부재료

마요네즈 2T, 올리브유 1T, 식초 2T, 소금 1t, 후추 2g

조리방법

1. 볼에 모든 재료를 넣고 잘 섞는다.

어울리는 음식 : 채소 요리, 샐러드

092 타르타르 Tartar

주재료 및 부재료

마요네즈 50mL, 달걀 1개, 양파 1/4개, 피클 1개, 파슬리 1/2개, 올리브 3개, 화이트 와인 2t, 레몬즙 1/2t

조리방법

1. 냄비에 물을 올려 달걀을 삶는다.
2. 양파와 피클, 올리브는 다진다.
3. 파슬리는 찬물에 담갔다가 꺼내 줄기는 제거하고 잎만 돌돌 말아 다진 뒤 거즈로 물기를 제거한다.
4. 삶은 달걀은 흰자와 노른자를 분리한 뒤 각각 곱게 다진다.
5. 볼에 마요네즈와 양파, 피클, 올리브, 파슬리를 모두 넣어 고루 섞는다.
6. 볼에 다진 달걀을 넣어 섞는다.
7. 볼에 레몬즙을 조금씩 넣어가며 섞는다.
8. 화이트 와인을 넣어 농도를 조절한다.

어울리는 음식 : 생선 요리, 해물 요리, 튀김 요리

093 타프나드 Tapenade

주재료 및 부재료

올리브 100g, 마늘 1쪽, 엔초비 3마리, 케이퍼 8알, 양파 1/6개, 올리브유 1/2C

조리방법

1. 마늘은 잘게 다진다.
2. 양파는 잘게 다진 후 찬물에 1분 동안 담가 매운맛을 빼고 거즈로 수분을 제거한다.
3. 블렌더에 모든 재료를 넣고 간다.

어울리는 음식 : 생선 요리, 해물 요리, 채소 요리, 샐러드

094 토마토 소스 Tomato Sauce

주재료 및 부재료

토마토 캔 1개, 마늘 1쪽, 양파 1/2개, 월계수 잎 1장, 올리브유 2T, 소금 1/2t, 설탕 1/2t, 후추 2g

조리방법

1. 마늘은 칼등을 이용해 으깬다.
2. 볼에 토마토 캔을 까서 넣고 손으로 으깬다.
3. 냄비에 올리브유를 두른 후 마늘을 볶는다.
4. 냄비에 월계수 잎을 넣고 향을 낸 후 양파를 넣어 갈색이 될 때까지 볶는다.
5. 냄비에 으깬 토마토를 넣고 중불에 20분 동안 끓인다.
6. 소금, 후추, 설탕으로 간한다.

어울리는 음식 : 볶음 요리, 파스타, 소고기 요리

095 토마토 살사 *Tomato Salsa*

주재료 및 부재료

토마토 2개, 홍고추 1개, 양파 1/2개, 식초 1T, 레몬즙 2t, 파슬리 1/2개, 핫소스 1T, 소금 2g, 흰후추 2g

조리방법

1. 토마토는 십자로 칼집을 낸 후 끓는 물에 살짝 데쳐 찬물에서 껍질을 제거하고 4등분해 씨를 제거한다.
2. 양파는 곱게 다진 후 찬물에 1분 동안 담갔다가 거즈로 물기를 제거한다.
3. 홍고추는 씨를 제거한 후 다진다.
4. 팬에 소금과 후추를 제외한 모든 재료를 넣어 약불에서 고루 볶는다.
5. 소금과 후추로 간한다.

어울리는 음식 : 해물 요리, 볶음 요리, 쌀 요리

주재료 및 부재료

토마토 1개, 생크림 2T, 양파 1/6개, 바질 2장, 마늘 1/2쪽, 홍고추 1/2개, 화이트 와인 1T, 토마토 주스 1T, 올리브 오일 1T, 소금 2g, 후추 2g

조리방법

1. 토마토는 십자로 칼집을 낸 후 끓는 물에 살짝 데쳐 찬물에서 껍질을 제거하고 4등분해 씨를 제거한다.
2. 마늘과 양파는 곱게 다진다.
3. 홍고추는 씨를 제거한 후 곱게 다진다.
4. 팬에 오일을 두른 후 마늘, 홍고추, 양파, 바질을 넣고 향을 낸다.
5. 양파와 마늘이 갈색으로 변하면 화이트 와인을 넣고 알코올을 날린다.
6. 화이트 와인의 양이 1/3 되도록 졸인다.
7. 팬에 토마토와 생크림을 넣고 약불에서 20분 동안 끓인다.
8. 소금과 후추, 토마토 주스로 간한다.

어울리는 음식 : 생선 요리, 구이 요리, 꼬치 요리

양식

097 파인애플 살사

Pineapple Salsa

주재료 및 부재료

파인애플 1/4개, 배 1/4개, 홍피망 1/2개, 레몬 1개, 올리브 오일 3T, 설탕 1T, 소금 2g, 흰후추 2g

조리방법

1. 파인애플과 배는 껍질을 제거한 후 작은 다이스 모양으로 썬다.
2. 홍피망은 씨를 제거한 후 과일과 같은 크기로 썬다.
3. 레몬은 속살과 껍질을 분리한 후 속살은 즙을 내고 껍질은 얇게 채 썬다.
4. 볼에 모든 재료를 넣고 섞는다.

어울리는 음식 : 생선 요리, 치킨 요리, 샐러드

098 페페론치노 소스

Peperoncino Sauce

주재료 및 부재료

홍고추 2개, 마늘 2쪽, 올리브유 5T

조리방법

1. 홍고추는 씨를 제거한 후 잘게 다진다.
2. 마늘은 다진다.
3. 팬에 오일을 두른 후 마늘과 홍고추를 넣고 마늘이 갈색이 될 때까지 약불로 볶는다.

어울리는 음식 : 해물 요리, 볶음 요리, 스파게티

099 포도 컴포트 Grape Compote

주재료 및 부재료

포도 1/2송이, 화이트 와인 2T, 레몬 1개, 민트 1장, 설탕 1t, 버터 1t

조리방법

1. 포도는 껍질과 씨를 제거해 흐르는 물에 헹군다.
2. 레몬은 즙을 짠다.
3. 민트는 잎만 잘게 다진다.
4. 팬에 버터를 녹인 후 포도를 넣고 중불로 2분 동안 볶는다.
5. 팬에 화이트 와인과 설탕을 넣고 설탕이 녹으면 약불로 줄인다.
6. 팬에 레몬즙을 넣고 다진 민트잎을 넣어 10분 동안 약불에서 끓인다.

어울리는 음식 : 디저트, 푸딩, 젤리

100 포르치니와 치즈 크림
Porcini and Cheese Cream

주재료 및 부재료

버터 1T, 생크림 2C, 포르치니 파우더 2T, 양파 1/2개, 고르곤졸라 치즈 100g, 후추 2g

조리방법

1. 양파는 곱게 다진 후 찬물에 1분 동안 담갔다가 거즈로 물기를 제거한다.
2. 팬에 버터를 녹인 후 양파를 넣고 볶는다.
3. 팬에 생크림과 포르치니 파우더, 고르곤졸라 치즈를 넣고 치즈가 완전히 녹을때까지 끓인다.
4. 후추를 넣은 후 체에 거른다.

어울리는 음식 : 해물 요리, 소고기 요리, 쌀 요리, 파스타

101 포메리 머스타드

Pommery Mustard

주재료 및 부재료

머스터드 씨 1t, 포메리 머스터드 2T, 데미글라스 소스 1/2C, 마늘 1쪽, 레드 와인 3T, 올리브 오일 1T, 설탕 1t, 소금 2g

조리방법

1. 양파는 곱게 다진 후 찬물에 1분 동안 담갔다가 거즈로 물기를 제거한다.
2. 마늘은 다진다.
3. 팬에 오일을 두른 후 마늘과 양파를 넣고 갈색으로 변할 때까지 강불에서 볶는다.
4. 팬에 레드와인을 넣고 알코올을 날린다.
5. 새로운 팬에 포메리 머스터드와 머스터드 씨를 중불에서 10초 동안 볶아 쓴맛을 제거한다.
6. 4.에 쓴맛을 제거한 머스터드와 데미글라스 소스를 넣어 약불에서 10분 동안 볶는다.
7. 설탕과 소금을 넣는다.

어울리는 음식 : 소고기 요리, 볶음 요리, 해물 요리

102 포크 소테 소스

Prok Saute Sauce

주재료 및 부재료

우스터 소스 1T, 토마토 케첩 3T, 설탕 1T, 물 1T, 레몬즙 1T, 머스터드 1t, 버터 2t, 마늘 1/2쪽, 소금 2g, 후추 2g

조리방법

1. 마늘은 다진 후 거즈에 담아 즙을 만든다.
2. 냄비에 모든 재료를 넣고 중불에서 끓인다.

어울리는 음식 : 돼지 요리, 찜 요리

양식

103 포토푀 Potaufeu

주재료 및 부재료

화이트 와인 1/2C, 월계수 잎 1장, 물 4C, 소금 1/2T, 머스터드 1t

조리방법

1. 팬에 화이트 와인을 넣고 알코올을 날린다.
2. 팬에 월계수 잎과 나머지 재료를 모두 넣고 끓인다.
3. 소금으로 간한다.

어울리는 음식 : 소고기 요리, 볶음 요리, 돼지 요리

104 프렌치 마요네즈
French Mayonnaise

주재료 및 부재료

달걀 노른자 1개, 올리브 오일 1C, 머스터드 1T, 식초 2T, 물 2T, 레몬즙 1/2T, 배 50g, 양파 1/4개, 마늘 1쪽, 소금 2g, 후추 2g

조리방법

1. 양파는 곱게 다진 후 찬물에 1분 동안 담갔다가 거즈로 물기를 제거한다.
2. 배는 껍질을 제거한 후 양파와 같은 크기로 다진다.
3. 노른자는 볼에 담아 올리브 오일을 조금씩 넣어 가며 거품기로 휘젓는다.
4. 볼에 머스터드, 레몬즙, 소금, 후추를 넣어 섞는다.
5. 블렌더에 마늘, 배, 양파와 식초, 물을 넣고 간다.
6. 4.에 5.를 섞는다.

어울리는 음식 : 꼬치 요리, 볶음 요리, 채소 요리, 샐러드

105 프렌치 오일 French Oil

주재료 및 부재료

올리브 오일 1C, 식초 5T, 레몬 1개, 마늘 1쪽, 피망(청,홍) 1/5개, 양파 1/2개, 설탕 2t, 파슬리 1/2개, 소금 2g, 흰후추 2g

조리방법

1. 양파는 곱게 다진 후 찬물에 1분 동안 담갔다가 거즈로 물기를 제거한다.
2. 마늘은 다진다.
3. 레몬은 껍질과 속살을 분리한 후 속살은 즙을 내고 껍질은 얇게 채 썬다.
4. 파슬리는 물에 담근 후 꺼내 잘게 다지고 거즈에 담아 물기를 제거한다.
5. 피망은 씨를 제거한 후 잘게 다진다.
6. 볼에 레몬즙과 식초, 설탕을 섞어 녹인다.
7. 볼에 모든 재료를 모두 넣어 섞는다.

어울리는 음식 : 소고기 요리, 해물 요리, 샐러드

106 프로방살 소스 Provencale Sauce

주재료 및 부재료

데미글라스 소스 1/2C, 토마토 페이스트 3T, 양파 1/4개, 토마토 1개, 마늘 2쪽, 올리브 3개, 레드 와인 3T, 월계수 잎 1장, 올리브 오일 2T, 소금 2g, 후추 2g

조리방법

1. 양파는 곱게 다진 후 찬물에 1분 동안 담갔다가 거즈로 물기를 제거한다.
2. 마늘과 올리브는 다진다.
3. 토마토는 십자로 칼집을 낸 후 끓는 물에 살짝 데쳐 찬물에서 껍질을 제거하고 4등분해 씨를 제거한다.
4. 팬에 오일을 두른 후 마늘, 양파, 올리브를 넣고 볶는다.
5. 팬에 레드 와인과 월계수잎, 데미글라스 소스를 넣고 양이 1/3이 될 때까지 졸인 후 토마토 페이스트를 넣고 끓인다.
6. 소금과 후추를 넣고 간한다.

어울리는 음식 : 소고기 요리, 구이 요리, 해물 요리

107 할라페뇨 살사 Jalapeno Salsa

주재료 및 부재료

엑스트라 버진 올리브 오일 5T, 할라페뇨 5개, 시소 3장, 자몽 껍질 1장, 적양파 1/4개, 파인애플 50g, 꿀 2T, 소금 2g, 후추 2g

조리방법

1. 적양파는 곱게 다진 후 찬물에 5분 동안 담갔다가 거즈로 물기를 제거한다.
2. 자몽 껍질은 얇게 채 썬 후 끓는물에 살짝 데쳐 다진다.
3. 파인애플은 작게 다이스 해준다.
4. 블렌더에 올리브 오일과 꿀, 할라페뇨를 넣고 곱게 갈아 체에 거른다.
5. 볼에 적양파, 파인애플은 넣고 4.를 넣어 소금, 후추로 간한다.

어울리는 음식 : 튀김 요리, 생선 요리

108 햄버거 소스 Hamburg Sauce

주재료 및 부재료

양파 1/2개, 콩소메 수프 1C, 토마토 케첩 4T, 우스터 소스 2T, 버터 1T

조리방법

1. 양파는 곱게 다진 후 찬물에 1분 동안 담갔다가 거즈로 물기를 제거한다.
2. 팬에 버터를 녹인 후 양파를 넣어 볶는다.
3. 팬에 나머지 모든 재료를 넣고 중불에 졸인다.

어울리는 음식 : 소고기 요리, 볶음 요리

양식

109 허브 머스타드 크림

Herb Mustard Cream

주재료 및 부재료

딜 1줄기, 머스터드 1T, 포메릭 머스터드 1T, 생크림 1/2C, 우유 1C, 레몬 1개, 꿀 1t, 설탕 1t, 소금 2g, 후추 2g

조리방법

1. 딜은 줄기를 제거한 후 곱게 다져 준비한다.
2. 팬에 생크림을 넣고 양이 1/3이 될 때까지 약불에서 졸인다.
3. 레몬은 껍질과 속살을 분리한 후 속살은 즙을 내고 껍질은 얇게 채 썰어 곱게 다진다.
4. 새로운 팬에 포메릭 머스터드, 머스터드를 넣고 중불에서 1분 동안 볶아 쓴맛을 제거한다.
5. 4.에 우유를 넣고 5분 동안 끓인다.
6. 볼에 5.와 2., 꿀, 설탕, 소금, 후추, 딜을 넣고 섞는다.

어울리는 음식 : 소고기 요리, 구이 요리, 생선 요리

110 허브 버터 Herb Butter

주재료 및 부재료

버터 200g, 셀러리 1/4개, 타임 1줄기

조리방법

1. 버터는 마요네즈처럼 부드러운 상태가 되도록 실온에 녹인다.
2. 타임과 셀러리는 잘게 다진다.
3. 녹은 버터에 타임과 셀러리를 섞는다.

어울리는 음식 : 소고기 요리, 빵 요리

111 허브 오일 *Herb Oil*

주재료 및 부재료

양파 1/2개, 마늘 2쪽, 레몬즙 2T, 화이트 와인 식초 2T, 타임 1줄기, 로즈마리 1/3줄기, 바질 5장, 올리브 오일 1/2C, 설탕 1T, 소금 2g, 후추 2g

조리방법

1. 양파는 곱게 다진 후 찬물에 1분 동안 담갔다가 거즈로 물기를 제거한다.
2. 마늘과 바질은 곱게 다진다.
3. 타임과 로즈마리는 줄기를 제거하고 잎만 곱게 다진다.
4. 팬에 화이트 와인 식초를 넣고 양파, 마늘, 바질, 타임, 로즈마리를 모두 넣어 약 불에 10분 동안 끓인다.
5. 팬에 올리브 오일과 레몬즙, 소금, 후추를 넣는다.

어울리는 음식 : 샐러드, 해물 요리

112 허브 크림 Herb Cream

주재료 및 부재료

타임 1줄기, 오레가노 1줄기, 마늘 1쪽, 생크림 1C, 양파 1/4개, 파슬리 1/2개, 차이브 1줄기, 올리브 오일 1t, 소금 2g, 후추 2g

조리방법

1. 양파는 곱게 다진 후 찬물에 1분 동안 담갔다가 거즈로 물기를 제거한다.
2. 차이브와 파슬리, 마늘은 곱게 다진다.
3. 타임, 오레가노는 줄기를 제거한다.
4. 블렌더에 생크림과 타임, 오레가노를 넣고 간다.
5. 팬에 오일을 두른 후 마늘과 양파를 갈색이 될 때까지 볶고 4.를 넣어 중불에서 끓인다.
6. 차이브와 파슬리, 소금, 후추를 넣는다.

어울리는 음식 : 해물 요리, 생선 요리

113 호두 소스 Walnut Sauce

주재료 및 부재료

호두 50g, 와인 식초 2T, 올리브 오일 3T, 타임 1줄기, 차이브 5줄기, 건포도 20g, 체리 토마토 2개, 꿀 2T, 소금 2g, 후추 2g

조리방법

1. 타임과 차이브는 줄기를 제거한 후 잘게 다진다.
2. 건포도는 칼로 거칠게 다진다.
3. 블렌더에 체리 토마토를 넣고 곱게 다져 체에 거른다.
4. 블렌더에 호두와 오일, 와인 식초를 넣고 갈면서 꿀과 소금, 후추를 넣어 간한다.
5. 볼에 4.를 부어서 거품기로 빠르게 섞는다.
6. 하루 정도 냉장 숙성시킨다.

어울리는 음식 : 소고기 요리, 샐러드

114 호스래디시 요거트

Horseradish Yogurt

주재료 및 부재료

호스래디시 소스 2T, 요거트 2개, 양파 1/4개, 케이퍼 10알, 레몬 껍질 1장, 레몬 주스 2T, 꿀 1T, 생크림 1T, 애플민트 잎 5장

조리방법

1. 양파는 곱게 다진 후 찬물에 5분 동안 담갔다가 거즈로 물기를 제거한다.
2. 레몬 껍질은 얇게 채 썰어 살짝 데친다.
3. 레몬 껍질, 애플민트 잎, 케이퍼를 잘게 다진다.
4. 볼에 생크림을 넣고 거품기로 빠르게 저어 크림화 시킨다.
5. 새로운 볼에 생크림을 제외한 모든 재료를 넣고 거품기로 잘 저어 4.를 함께 섞는다.
6. 반나절 동안 냉장 숙성시킨다.

어울리는 음식 : 생선 요리, 치킨 요리, 샐러드, 소고기 요리

양식

115 후르츠 레드와인

Fruits Red Wine

주재료 및 부재료

레드와인 1/2C, 물 1/2C, 설탕 5T

조리방법

1. 냄비에 레드와인을 넣고 알코올을 날린다.
2. 냄비에 물과 설탕을 넣고 약불에 설탕을 녹인다.

어울리는 음식 : 디저트, 아이스크림, 과일 요리

116 치즈 소스 *Cheese Sauce*

주재료 및 부재료

체다치즈 3장, 화이트 와인 2T, 소금 1g, 후추 1g

조리방법

1. 냄비에 화이트 와인을 넣고 알코올을 날린다.
2. 치즈는 작게 자른다.
3. 냄비에 자른 치즈를 넣어 녹을 때까지 끓인다.
4. 소금과 후추로 간한다.

어울리는 음식 : 피자, 튀김 요리

117 치킨 소테 바비큐 소스 *Chicken Saute Barbecue Sauce*

주재료 및 부재료

토마토 케첩 3T, 간장 2T, 꿀 1T, 양파 1/4개, 마늘 1쪽, 올리브 오일 1T

조리방법

1. 양파와 마늘은 다진다.
2. 팬에 오일을 두른 후 마늘과 양파를 넣고 볶는다.
3. 팬에 케첩과 간장, 꿀을 넣어 함께 볶는다.

어울리는 음식 : 치킨 요리, 소고기 요리, 돼지고기 요리

퓨전

01 고추 오일 Pepper Oil

주재료 및 부재료

올리브유 1/2C, 홍고추 2개, 클로브 5알

조리방법

1. 소독한 병에 홍고추와 클로브를 넣은 후 올리브유로 채운다.
2. 암실에서 3일 정도 숙성시킨다.

어울리는 음식 : 튀김 요리

02 고추장 마요 Gochujang Mayo

주재료 및 부재료

고추장 1T, 마요네즈 3T

조리방법

1. 볼에 모든 재료를 넣어 잘 섞는다.

어울리는 음식 : 튀김 요리, 꼬치 요리

03 구운 사과 소스

Baked Apple Sauce

주재료 및 부재료

사과 1개, 비트 10g, 마요네즈 4T, 설탕 1T, 우유 2T, 버터 1T, 소금 1g

조리방법

1. 사과와 비트는 껍질을 제거해 작게 자른다.
2. 팬에 버터를 녹인 후 사과를 넣고 갈색이 되도록 중불에서 굽는다.
3. 팬에 비트를 넣고 함께 굽는다
4. 블렌더에 3과 우유를 넣고 간다.
5. 볼에 4와 마요네즈를 넣고 섞는다.
6. 소금과 설탕으로 간한다.

어울리는 음식 : 샐러드, 돼지고기 요리

주재료 및 부재료

불린 다시마 20g, 마요네즈 4T

조리방법

1. 다시마를 잘게 다진다.
2. 다시마에 마요네즈를 고루 섞는다.

어울리는 음식 : 샐러드, 채소 요리

05 대추 오일 Jujube Oil

주재료 및 부재료

대추 5개, 다진 인삼 1T, 꿀 1T, 올리브 오일 100mL, 소금 2g

조리방법

1. 대추는 씨를 제거한 후 곱게 다진다.
2. 팬에 대추를 넣고 약불에서 굽는다.
3. 볼에 모든 재료를 섞는다.

어울리는 음식 : 해물 요리

06 두반장 참깨 초장

Chili Bean and Sesame Chojang

주재료 및 부재료

흑초 2T, 참깨 1T, 두반장 1t, 참기름 1t

조리방법

1. 모든 재료를 잘 섞는다.

어울리는 음식 : 튀김 요리, 해물 소스

07 레몬 생강 소스

Lemon Ginger Sauce

주재료 및 부재료

간장 2T, 레몬즙 2T, 무 1/4개, 시소 3장

조리방법

1. 무는 껍질을 제거한 후 강판에 간다.
2. 시소는 얇게 채 썬다.
3. 볼에 모든 재료를 섞는다.

어울리는 음식 : 튀김 요리, 소고기 요리

08 마늘 머스터드 Garlic Mustatd

주재료 및 부재료

마늘 2쪽, 머스타드 1T, 다진 양파 2T, 화이트 와인 2T, 생크림 3T, 핫소스 1t, 설탕 1t, 올리브 오일 2T

조리방법

1. 마늘은 곱게 다진다.
2. 팬에 오일을 두른 후 마늘과 양파를 넣고 중불에서 볶는다.
3. 새로운 팬에 머스타드를 볶아 쓴맛을 제거한 후 화이트 와인을 넣어 알코올을 제거하고 1/2이 되도록 졸인다.
4. 3.에 생크림을 넣고 양이 1/2이 되도록 졸인다.
5. 4.에 볶은 마늘과 양파, 설탕, 핫소스를 넣고 볶는다.

어울리는 음식 : 소고기 요리, 튀김 요리, 돼지고기 요리

09 매운 크레송 페스토

Hot Cresson Pesto

주재료 및 부재료

크레송 1T, 잣 1T, 와사비 1t, 마늘 1쪽, 초콜릿 1T, 올리브 오일 3T, 후추 1t, 소금 2g

조리방법

1. 팬에 잣을 넣어 약불에서 굽는다.
2. 블렌더에 잣, 초콜릿, 후추를 넣고 간다.
3. 2.에 모든 재료를 넣고 곱게 간다.

어울리는 음식 : 찜 요리, 생선 요리

10 명란 로제 Pollock roe Rose

주재료 및 부재료

명란 1/2개, 마늘 1쪽, 양파 1/4개, 피망(청, 홍)1/4개, 엑스트라 버진 올리브 오일 1T, 화이트 와인 1T, 조개 육수 1/2C, 토마토 소스 1/2C, 생크림 50mL, 소금 2g, 후추 2g

조리방법

1. 마늘과 양파는 얇게 슬라이스한다.
2. 피망은 씨를 제거한 후 잘게 다진다.
3. 명란은 껍질을 제거해 풀어 놓는다.
4. 팬에 오일을 두른 후 마늘과 양파를 넣고 볶은 후 명란과 피망, 화이트 와인을 넣어 볶는다.
5. 팬에 조개 육수와 토마토 소스, 생크림, 바질을 넣어 끓인다.
6. 소금 후추로 간한다.

어울리는 음식 : 파스타, 피자

11 버섯 오일 Mushroom Oil

주재료 및 부재료

양송이 버섯 3개, 새송이 버섯 1개, 양파 1/6개, 식초 2T, 올리브오일 6T, 물 4T, 레몬즙 2T, 파슬리 1/5개, 설탕 1T, 소금 2g

조리방법

1. 양송이와 새송이 버섯은 다이스 모양으로 작게 썬다.
2. 양파는 버섯보다 조금 더 큰 크기로 썬 후 물에 담가 매운맛을 제거한다.
3. 파슬리는 잘게 다진다.
4. 팬에 오일을 두른 후 양파를 넣고 강불에서 볶는다.
5. 팬에 버섯과 물, 설탕, 식초를 넣고 중불에서 5분 동안 끓인다.
6. 팬에 레몬즙과 올리브 오일, 파슬리를 섞는다.
7. 소금으로 간한다.

어울리는 음식 : 튀김 요리, 샐러드, 채소 요리

12 사과 크림 Apple Cream

주재료 및 부재료

사과 1개, 양파 1/4개, 치킨 육수 100mL, 생크림 50mL, 카레가루 2t, 화이트 와인 1T, 올리브 오일 2T, 설탕 1T, 소금 2g, 흰후추 2g

조리방법

1. 사과는 껍질과 씨를 제거한 후 곱게 채 썬다.
2. 양파는 곱게 채 썬다.
3. 팬에 오일을 두른 후 양파와 사과를 넣고 볶는다.
4. 팬에 화이트 와인을 넣고 알코올을 날린다.
5. 팬에 치킨 육수를 넣고 약불에서 15분 동안 익힌다.
6. 볼에 생크림과 카레가루를 섞는다.
7. 블렌더에 5.를 넣고 갈아준 후 체로 거른 다음 다시 냄비에 넣고 6.과 함께 약불에서 3분간 끓인다.
8. 설탕, 소금 후추로 간한다.

어울리는 음식 : 튀김 요리, 치킨 요리

13 생강 올리브유

Ginger and Olive Oil

주재료 및 부재료

생강 1/4개, 설탕 1t, 소금 1/2t, 식초 2T, 올리브유 5T

조리방법

1. 생강은 껍질을 제거해 깨끗이 손질한 후 다진다.
2. 냄비에 생강과 설탕, 소금, 식초를 넣고 강불로 조린 후 식힌다.
3. 소독된 병에 2.를 넣고 올리브유를 넣는다.

어울리는 음식 : 튀김 요리, 소고기 요리, 돼지고기 요리

14 스파이시 토마토 살사

Spicy Tomato Salsa

주재료 및 부재료

토마토 1/2개, 오렌지 껍질 1/2개, 적양파 1/4개, 토마토 케첩 1T, 타바스코 1T, 올리브 4개, 레몬즙 1/2T, 엑스트라 버진 올리브 오일 1T, 딜 3줄기, 바질 3장, 꿀 1t, 소금 1g, 후추 1g

조리방법

1. 오렌지 껍질을 얇게 채 썬 후 끓는 물에 살짝 데친다.
2. 딜과 바질은 잎사귀만 다진다.
3. 적양파는 다이스로 썬다.
4. 올리브는 모양을 살려 슬라이스한다.
5. 토마토는 십자를 낸 후 끓는 물에 데치고 찬물에서 껍질을 제거하고 4등분해 씨를 제거한다.
6. 토마토를 다이스 모양으로 썬다.
7. 모든 재료를 고루 섞는다

어울리는 음식 : 튀김 요리, 샐러드

15 연겨자 마요네즈
Light Mustard Mayonnaise

주재료 및 부재료

마요네즈 4T, 연겨자 1/2t

조리방법

1. 모든 재료를 한데 섞는다.

어울리는 음식 : 튀김 요리, 샐러드

16 열대 과일 오일

Tropical Fruit Oil

주재료 및 부재료

망고 1/2개, 파인애플 1/6개, 키위 1/2개, 올리브 2개, 올리브 오일 5T, 설탕 1T, 식초 2T, 소금 2g

조리방법

1. 망고와 파인애플, 키위는 껍질을 제거해 작은 다이스 모양으로 썬다.
2. 올리브는 모양을 살려 채 썬다.
3. 볼에 모든 재료를 넣고 섞는다.

어울리는 음식 : 과일 요리

퓨전

17 오렌지 마요네즈

Orange Mayonnaise

주재료 및 부재료

오렌지즙 1C, 레몬즙 2T, 식용유 6T, 마요네즈 1T, 소금 2g, 후추 2g

조리방법

1. 냄비에 오렌지즙을 넣고 양이 2/3가 되도록 졸여서 식힌다.
2. 볼에 1과 레몬즙, 식용유를 비롯하여 소금, 후추를 넣고 섞는다.
3. 볼에 2와 마요네즈를 넣고 섞는다.

어울리는 음식 : 튀김 요리, 해물 요리, 생선 요리

18 오리엔탈 과일 Oriental Fruits

주재료 및 부재료

진간장 2T, 미림 1T, 파인애플 1/4개, 배 1/4개, 사과 1/4개, 양파 1/6개, 물 1/2C

조리방법

1. 파인애플과 배, 사과는 껍질을 제거한다.
2. 파인애플과 배, 사과, 양파는 강판에 간다.
3. 팬에 미림을 넣고 알코올을 날려준 후 양이 1/2이 되도록 졸인다.
4. 새로운 팬에 진간장을 끓여 식힌다.
5. 모든 재료를 고루 섞는다.

어울리는 음식 : 튀김 요리, 채소 요리, 샐러드

퓨전

19 유자 장미 소스

Citron and Rose Sauce

주재료 및 부재료

유자청 100g, 엑스트라 버진 올리브 오일 200mL, 물 100mL, 바질 6장, 유자 식초 1T, 자몽 껍질 1/4장, 식용장미 8송이

조리방법

1. 장미는 잎을 뜯어 흐르는 물에 헹군다.
2. 자몽 껍질은 얇게 채 썬 후 끓는물에 데친다.
3. 채 썬 자몽 껍질과 바질은 곱게 다진다.
4. 블렌더에 모든 재료를 넣고 간다.
5. 반나절 정도 냉장 숙성시킨다.

어울리는 음식 : 해물 요리, 소고기 요리, 채소 요리

20 졸인 오렌지 Boiled Orange

주재료 및 부재료

오렌지 2개, 오렌지 주스 50mL, 올리브 오일 100mL, 화이트 와인 2T, 사과 식초 1t, 설탕 1T

조리방법

1. 오렌지는 껍질과 속살을 분리한 후 속살은 즙을 내고 껍질은 얇게 채 썬다.
2. 냄비에 오렌지 즙과 오렌지 주스, 오렌지 껍질을 넣고 양이 2/3이 될 때까지 약불로 간간히 졸인다.
3. 팬에 화이트 와인을 넣고 알코올을 날린 후 냄비에 넣는다.
4. 냄비가 끓으면 5분 정도 더 끓인 후 불을 끈다.
5. 블렌더에 4.를 넣고 올리브 오일을 조금씩 넣어가며 섞는다.
6. 설탕을 넣어 녹인다.

어울리는 음식 : 치킨요리, 오리 요리, 튀김 요리

퓨전

21 참깨 된장 마요네즈

Sesame and Soybean Paste Mayonnaise

주재료 및 부재료

마요네즈 5T, 참깨 4T, 된장 1T, 설탕 1t

조리방법

1. 참깨는 한 번 으깬다.
2. 모든 재료를 섞는다.

어울리는 음식 : 튀김 요리, 샐러드, 채소 요리

22 참깨 마요네즈

Sesame Mayonnaise

주재료 및 부재료

검은깨 1T, 참깨 2T, 다진 파슬리 1t, 레몬즙 1T, 마요네즈 1/2C, 참기름 2T, 화이트 와인 1T, 설탕 1T, 소금 2g, 물 4T

조리방법

1. 팬에 검은깨와 참깨를 약불에서 볶는다.
2. 볼에 물과 설탕을 넣어 설탕을 녹인다.
3. 볼에 모든 재료를 넣어 고루 섞는다.

어울리는 음식 : 튀김 요리, 샐러드, 채소 요리

23 카레 크림 Curry Cream

주재료 및 부재료

양파 1개, 마늘 1쪽, 버터 2T, 박력분 2T, 카레 가루 1T, 우유 2C, 소금 1/2t

조리방법

1. 양파와 마늘은 곱게 다진다.
2. 팬에 버터를 녹인 후 양파와 마늘을 넣고 볶는다.
3. 팬에 박력분을 넣고 루가 되도록 볶는다.
4. 팬에 카레 가루와 우유를 넣고 풀어준 후 소금으로 간한다.

어울리는 음식 : 쌀 요리, 채소 요리

24 코리안 폰즈 Korean Ponzu

주재료 및 부재료

간장 2T, 식초 1T, 유자즙 5T, 미림 1/4t, 참깨 1t, 고춧가루 1t

조리방법

1. 참깨는 으깨어 준비한다
2. 볼에 모든 재료를 넣고 고루 섞는다.

어울리는 음식 : 샐러드, 채소 요리, 샤브샤브

25 콩 마요네즈 Bean Mayonnaise

주재료 및 부재료

두유 1/2C, 식초 2T, 소금 1g, 후추 1g

조리방법

1. 볼에 두유와 식초를 넣고 거품기를 이용해 빠르게 섞는다.
2. 끈기가 생기면 소금과 후추를 넣어 간한다.

어울리는 음식 : 튀김 요리, 샐러드

26 키위 오일 Kiwi Fruit Oil

주재료 및 부재료

키위 3개, 올리브 오일 100mL, 화이트 와인 2t, 식초 2t, 설탕 1t, 소금 2g, 양파 20g

조리방법

1. 키위는 껍질을 제거하고 잘게 다진다.
2. 양파는 다진 후 찬물에 담가 매운맛을 제거한다.
3. 팬에 화이트 와인을 넣고 알코올을 날려준 후 양파, 설탕, 소금, 식초를 넣고 녹인다.
4. 팬에 키위를 넣고 섞는다.
5. 블렌더에 모든 재료를 넣고 간다.

어울리는 음식 : 생선 요리, 샐러드, 채소 요리, 소고기 요리

27 토마토 식초 Tomato Vinegar

주재료 및 부재료

양파 1/6개, 식초 4T, 토마토 2개, 소금 2g, 후추 2g

조리방법

1. 토마토는 십자를 내 끓는 물에 데친 후 찬물에서 껍질을 제거한다.
2. 토마토를 주사위처럼 잘게 자른다.
3. 양파는 곱게 다진다.
4. 볼에 모든 재료를 넣고 섞는다.

어울리는 음식 : 샐러드, 채소 요리

28 핑크 페퍼 *Pink Pepper*

주재료 및 부재료

핑크 페퍼 1t, 마늘 2쪽, 엑스트라 버진 올리브 오일 2T, 다진 파슬리 1/2t, 다진 바질 1/2t, 소금 2g

조리방법

1. 마늘은 곱게 다진다.
2. 팬에 오일을 두른 후 다진 마늘을 중불에서 볶는다.
3. 새로운 팬에 핑크 페퍼를 약불로 볶는다.
4. 마늘이 갈색으로 변하면 3을 함께 넣어 볶는다.
5. 팬에 파슬리, 바질과 소금을 넣어 간한다.

어울리는 음식 : 해물 요리, 생선 요리

29 L.A 양념갈비

L.A Seasoned Ribs

주재료 및 부재료

양파 1/2개, 대파 1/2개, 마늘 2쪽, 생강 1/6개, 매실 엑기스 2T, 배 1/4개, 파인애플 1/4개, 간장 2T, 정종 2T, 올리고당 2T, 후추 2t, 통깨 1T, 참기름 1T

조리방법

1. 블렌더에 모든 재료를 넣고 간다.

어울리는 음식 : 소고기 요리

30 매실 마요네즈

Apricot Mayonnaise

주재료 및 부재료

마요네즈 1/2C, 매실 장아찌 4개

조리방법

1. 매실 장아찌는 곱게 다진다.
2. 볼에 모든 재료를 섞는다.

어울리는 음식 : 튀김 요리, 샐러드

일 식

01 가라아케 *Karaage*

주재료 및 부재료

물 1C, 미림 4T, 설탕 4T, 진간장 4T, 대파 1/2개, 양파 1/2개, 생강 1/2개, 당근 1/4개, 멸치 3마리, 통계피 20g, 건고추 3개, 무 1/2개

조리방법

1. 대파, 양파, 당근, 생강은 깨끗이 손질한 후 4등분 한다.
2. 냄비에 무를 제외한 모든 재료를 넣고 약불에 10분 정도 끓인다.
3. 냄비에 설탕을 넣어 녹인 후 모든 재료가 물러질 때까지 약불에서 간간히 끓인 후 건진다.
4. 무는 강판에 간다.
5. 3.에 갈아 둔 무를 넣는다.

어울리는 음식 : 튀김 요리

02 가쓰오부시 참기름 간장

Katsuobusi Sesame Oil Soya

주재료 및 부재료

달걀 1개, 가쓰오부시 200g, 간장 2t, 파 1/4개, 참기름 1t

조리방법

1. 볼에 달걀을 넣고 잘 풀어 놓는다.
2. 파는 송송 썬다.
3. 가쓰오부시는 곱게 채 썬다.
4. 볼에 모든 재료를 넣고 섞는다.

어울리는 음식 : 밥 요리, 생선 요리

03 간사이 우동 쯔유

Kansai Udon Tsuyu

주재료 및 부재료

맛국물 3C, 국간장 2T, 미림 2T, 소금 2g

조리방법

1. 볼에 모든 재료를 섞는다.

어울리는 음식 : 우동, 면 요리

04 강황 마늘 소금

Tumeric and Galic Salt

주재료 및 부재료

마늘즙 1T, 강황 2t, 소금 3T

조리방법

1. 볼에 모든 재료를 섞는다.

어울리는 음식 : 쌀 요리, 과일 요리

05 계피 후추 소금

Cinnamon and Pepper Salt

주재료 및 부재료

계피 1t, 후추 1/4t, 소금 3T

조리방법

1. 볼에 모든 재료를 섞는다.

어울리는 음식 : 소고기 요리, 채소 요리, 돼지고기 요리

06 고등어 된장 조림 소스

Simmered Miso Mackerel Sauce

주재료 및 부재료

된장 3T, 설탕 1T, 청주 5T, 미림 3T

조리방법

1. 볼에 모든 재료를 섞는다.

어울리는 음식 : 생선 요리

07 고수 소금 Coriander Salt

주재료 및 부재료

고수잎 3장, 소금 2T

조리방법

1. 볼에 모든 재료를 섞는다.

어울리는 음식 : 쌀 요리, 채소 요리

08 고추냉이 무침 소스

Seasoned Wasabi Sauce

주재료 및 부재료

고추냉이 1/4t, 간장 1T, 맛국물 5T, 미림 1/2t

조리방법

1. 간장에 고추냉이를 넣고 잘 풀어 놓는다.
2. 1.에 맛국물과 미림을 넣어 섞는다.

어울리는 음식 : 채소 요리

09 김 무침 소스

Seasoned Gim Sauce

주재료 및 부재료

국간장 2T, 미림 1T, 가쓰오부시 5g, 식초 1T, 식용유 1T, 후추 2g

조리방법

1. 냄비에 국간장과 미림을 넣고 팔팔 끓인다.
2. 1.이 끓으면 가쓰오부시를 넣고 한번 더 끓인 후 체에 걸러 식힌다.
3. 볼에 2.와 나머지 재료를 모두 넣고 섞는다.

어울리는 음식 : 채소 요리, 해물 요리, 튀김 요리

10 나베시기 소스

Broiled Miso Sauce

주재료 및 부재료

홍고추 1개, 청주 2T, 미림 1T, 설탕 1T, 간장 1t, 된장 1t, 참기름 1/2t

조리방법

1. 홍고추는 씨를 제거한 후 송송 썬다.
2. 팬에 참기름을 두른 후 홍고추를 살짝 볶는다.
3. 팬에 나머지 재료를 넣고 끓인다.

어울리는 음식 : 생선 요리, 조림 요리

11 남반 식초 Namban Vinegar

주재료 및 부재료

식초 1/2C, 맛국물 1/2C, 설탕 2T, 간장 2t, 소금 1/2t

조리방법

1. 볼에 모든 재료를 섞는다.

어울리는 음식 : 생선 요리

12 남반 야키 소스

Namban Yaki Sauce

주재료 및 부재료

미림 2T, 간장 2T, 파 1/2개, 카레 가루 2t

조리방법

1. 파는 잘게 다진다.
2. 볼에 모든 재료를 고루 섞는다.

어울리는 음식 : 생선 요리

13 낫토 나베 소스

Natto Nhabe Sauce

※ 냄비요리를 의미함

주재료 및 부재료

다시마 5g, 물 2C, 흰 된장 2T, 소금 1/4t, 미림 2t

조리방법

1. 냄비에 물을 넣고 다시마를 넣고 끓여 다시마물을 만든다.
2. 1에 나머지 흰 된장을 넣고 잘 풀어준다.
3. 소금, 미림으로 간한다.

어울리는 음식 : 야채 요리, 면 요리

14 다쓰타 튀김 소스

Tatsuta Dipping Sauce

※ 간장의 색을 내도록 하는 것

주재료 및 부재료

미림 1T, 간장 1T, 소금 2g, 전분 2g

조리방법

1. 볼에 모든 재료를 섞는다.

어울리는 음식 : 튀김 요리

15 달걀 된장 소스

Egg Miso Sauce

주재료 및 부재료

흰 된장 1C, 달걀 노른자 1개, 미림 1T, 청주 1T

조리방법

1. 볼에 모든 재료를 섞는다.
2. 냄비에 1을 담고 약불에서 잘 푼다.

어울리는 음식 : 채소 요리, 샐러드

16 돈테키 소스 *Donteki Sauce*

※ 돼지고기 스테이크

주재료 및 부재료

미림 2T, 우스터 소스 2T, 토마토 케첩 2T, 간장 4T, 버터 2T

조리방법

1. 팬에 버터를 녹인다.
2. 팬에 나머지 재료를 넣고 중불에 은근하게 끓인다.

어울리는 음식 : 돼지고기 요리, 스테이크

일식

17 마늘 간장 소스

Garlic Soy Sauce

주재료 및 부재료

마늘 3쪽, 간장 1/2C

조리방법

1. 볼에 모든 재료를 섞는다.
2. 밀폐용기에 담아 하루 정도 숙성시킨다.

어울리는 음식 : 치킨 요리, 볶음 요리, 밥 요리

18 마늘 데리야키 *Garlic Teriyaki*

주재료 및 부재료

마늘즙 1t, 간장 3T, 미림 2T, 설탕 1T, 물 4T

조리방법

1. 볼에 모든 재료를 섞는다.

어울리는 음식 : 생선 요리, 해물 요리

19 마른 토마토 소보로

Dryed Tomato Soboro

주재료 및 부재료

마른 토마토 2개, 설탕 1T, 식초 1T, 간장 1T, 굴소스 1T

조리방법

1. 볼에 토마토를 제외한 모든 재료를 섞는다.
2. 토마토는 잘게 썬다.
3. 1.에 잘게 썬 토마토를 넣어 재운다.

어울리는 음식 : 샐러드, 밥 요리

20 말차 소금

Powered Green Tea Salt

주재료 및 부재료

말차 1T, 소금 3T

조리방법

1. 팬에 소금을 볶는다.
2. 볼에 소금과 말차를 넣어 섞는다.

어울리는 음식 : 튀김 요리, 생선 요리

21 말차 시럽

Powdered Green Tea Syrup

주재료 및 부재료

말차 가루 4g, 설탕 3T, 물 4T

조리방법

1. 말차 가루는 체에 한번 거른다.
2. 냄비에 물을 담고 설탕을 잘 녹인다.
3. 2.에 말차 가루를 넣어 잘 섞는다.

어울리는 음식 : 과일 요리, 아이스크림, 디저트

22 말차 크림

Powdered Green Tea Cream

주재료 및 부재료

생크림 100mL, 설탕 2T, 말차 1T

조리방법

1. 볼에 생크림과 설탕을 섞어 거품기로 빠르게 섞어 크림화한다.
2. 말차를 따뜻한 물에 푼다.
3. 1.에 풀어준 말차를 섞어 크림을 만든다.

어울리는 음식 : 디저트, 과일 요리

23 매실 무침 Seasoned Apricot

주재료 및 부재료

매실 장아찌 3개, 간장 2t, 미림 1t, 맛국물 1T

조리방법

1. 매실 장아찌는 잘게 다진다.
2. 볼에 모든 재료를 섞는다.

어울리는 음식 : 밥 요리, 나물 요리, 채소 요리

24 메밀국수 쯔유

Buckwheat Noodles Tsuyu

주재료 및 부재료

맛국물 1C, 국간장 2T, 미림 1t, 마른 멸치 3마리, 소금 2g

조리방법

1. 멸치는 머리와 내장을 제거한다.
2. 냄비에 맛국물을 넣고 멸치를 넣어 30분 동안 약불에서 졸인다.
3. 냄비에 멸치를 제거한 후 나머지 재료를 모두 넣고 끓인다.

어울리는 음식 : 면 요리

25 명란 소스 Pollack Roe Sauce

주재료 및 부재료

명란 1개, 레몬즙 2T, 마요네즈 3T

조리방법

1. 명란은 잘 푼다.
2. 볼에 레몬즙과 마요네즈를 섞은 후 명란을 섞는다.

어울리는 음식 : 파스타, 피자, 면 요리

25 명란 마요네즈
Pollack Roe Mayonnaise

주재료 및 부재료

명란 1개, 마요네즈 4T, 레몬즙 1/2T

조리방법

1. 명란은 껍질을 제거한 후 분해한다.
2. 모든 재료를 섞는다.

어울리는 음식 : 튀김 요리, 샐러드, 채소 요리

26 무 레몬장 *Beet and Lemons*

주재료 및 부재료

무 1/4개, 레몬 과즙 5T, 소금 2g, 참기름 1T

조리방법

1. 무는 껍질을 벗긴 후 강판에 간다.
2. 볼에 모든 재료를 담아 고루 섞는다.

어울리는 음식 : 생선 요리, 해물 요리, 샐러드

27 미타라시 단고

Mitarashi Dango

주재료 및 부재료

간장 1T, 설탕 4T, 물 3T, 전분가루 1t

조리방법

1. 냄비에 물과 설탕을 넣고 설탕을 녹여준 후 간장을 넣는다.
2. 전분에 물 1T를 섞어 전분물을 만든다.
3. 1.에 2.를 섞는다.

어울리는 음식 : 디저트

28 사이교미소 구이 소스

Saikyo Miso Griled Sauce

주재료 및 부재료

흰 된장 50g, 청주 1T, 설탕 1T

조리방법

1. 볼에 모든 재료를 섞는다.

어울리는 음식 : 생선 요리, 구이 요리

29 비프 데리야키 Beef Teriyaki

주재료 및 부재료

쇠고기 육수 1C, 진간장 1/2C, 통계피 1/6개, 월계수 잎 1장, 통후추 5알, 흑설탕 1/2C, 미림 1/2C, 정종 1/2C, 물엿 1/4C, 파인애플 1/4개, 양파 1개, 대파 1/2개, 마늘 5쪽

조리방법

1. 대파는 4등분한다.
2. 양파는 깨끗이 손질한 후 깍둑썰기 한다.
3. 파인애플은 깨끗이 손질한 후 깍둑 썬다
4. 양파와 마늘, 대파는 오븐에 250℃에서 15분 정도 굽는다.
5. 냄비에 구운 채소와 나머지 재료를 모두 넣어 중불에 끓인다.
6. 끓으면 약불로 줄여 양이 1/4이 될 때까지 졸인다.
7. 체에 걸러 식힌다.

어울리는 음식 : 소고기 요리, 스테이크

30 산초 소금 Sichnanpepper Salt

주재료 및 부재료

산초 가루 1T, 소금 3T

조리방법

1. 팬에 소금을 넣고 볶는다.
2. 블렌더에 볶은 소금과 산초 가루를 넣고 간다.

어울리는 음식 : 채소 요리, 생선 요리

31 소금 폰즈 *Salt Ponzu*

주재료 및 부재료

감귤 과즙 5T, 식초 3T, 소금 2t, 미림 1T, 청주 2T, 벌꿀 1/2T, 맛국물 1C

조리방법

1. 냄비에 미림과 청주를 넣고 알코올을 날린다.
2. 냄비에 맛국물과 소금, 벌꿀을 넣고 중불에 10분 정도 끓인다.
3. 볼에 2와 과즙, 식초를 넣어 섞은 후 냉장고에 하루 정도 숙성시킨다.

어울리는 음식 : 탕 요리, 생선 요리, 해물 요리

32 스시 *Sushi*

주재료 및 부재료

간장 1C, 정종 50mL, 미림 2T, 다시마 10g, 가쓰오부시 60g

조리방법

1. 냄비에 가쓰오부시를 제외한 모든 재료를 넣고 중불에 팔팔 끓인다.
2. 냄비에 다시마를 꺼낸 후 가쓰오부시를 넣고 불을 꺼 식힌다.

어울리는 음식 : 생선 요리, 초밥, 회

33 스키야키 Sukiyaki

주재료 및 부재료

간장 1C, 물 1C, 설탕 2T, 미림 2/4C

조리방법

1. 냄비에 모든 재료를 넣고 중불에 팔팔 끓인다.

어울리는 음식 : 샤브샤브, 소고기 요리, 탕 요리

34 시치미 Shichimi

주재료 및 부재료

명란 50g, 참기름 1t, 시치미 1/4T

조리방법

1. 명란은 껍질을 제거해 잘 풀어 놓는다.
2. 볼에 모든 재료를 섞는다.

어울리는 음식 : 튀김 요리

35 식초 후추 Vinegar Pepper

주재료 및 부재료

식초 1T, 후추 1/2t

조리방법

1. 볼에 모든 재료를 섞는다.

어울리는 음식 : 채소 요리, 생선 요리

36 오렌지 폰즈 Orange Ponzu

주재료 및 부재료

간장 6T, 식초 4T, 오렌지 즙 2T, 참기름 1T

조리방법

1. 볼에 모든 재료를 담아 섞는다.

어울리는 음식 : 생선 요리, 샤브샤브

37 오반자이식 나물 조림 Obanzai Style Herbs Sinmering

주재료 및 부재료

맛국물 1C, 설탕 2t, 간장 1t, 소금 1/2t

조리방법

1. 냄비에 맛국물과 간장을 넣고 끓인다.
2. 냄비에 설탕을 넣고 설탕이 녹을 때까지 약불에 끓인다.
3. 소금으로 간한다.

어울리는 음식 : 채소 요리, 무침 요리

38 오코노미야키 Okonomiyaki

주재료 및 부재료

츄노 소스 1C, 토마토 1개, 마요네즈 2T

조리방법

1. 토마토는 다이스 모양으로 자른다.
2. 토마토와 츄노 소스를 섞는다.
3. 츄노 소스 위에 마요네즈를 뿌린다.

어울리는 음식 : 지짐 요리, 채소 요리

39 와사비 마요네즈 Wasabi Mayonnaise

주재료 및 부재료

와사비 2T, 마요네즈 8T, 레몬즙 2T, 바질 2장, 설탕 2t, 꿀 1T, 마늘 1쪽, 식용유 1t, 소금 2g, 후추 2g

조리방법

1. 마늘은 잘게 다진다.
2. 바질은 잘게 채 썬다.
3. 팬에 식용유를 두르고 마늘을 올려 갈색이 될 때까지 약불에 볶는다.
4. 3.을 체에 걸러 마늘만 따로 준비한다.
5. 볼에 모든 재료를 넣고 거품기로 빠르게 섞는다.

어울리는 음식 : 튀김 요리, 해물 요리

40 와사비 오일 Washbi Oil

주재료 및 부재료

엑스트라 버진 올리브 오일 100mL, 와사비 2T, 파인애플 20g, 키위 1/2개, 무 1/4개, 양파 1/4개, 꿀 2T, 레몬 즙 2T, 소금 2g

조리방법

1. 키위는 껍질을 제거한다.
2. 무는 껍질을 제거한 후 강판에 간다.
3. 블렌더에 무를 제외한 모든 재료를 넣고 간다.
4. 3.과 무 간 것을 섞는다.

어울리는 음식 : 생선 요리, 해물 요리

41 와사비 폰즈 Wasabi Ponzu

주재료 및 부재료

물 2C, 간장 1C, 미림 1/2C, 설탕 1/2C, 식초 1/2C, 오렌지 1/2개, 레몬 1/2개, 겨자 소스 1C

조리방법

1. 오렌지와 레몬은 속살과 껍질을 분리한 후 속살은 즙을 짠다.
2. 볼에 겨자 소스를 제외한 1.과 모든 재료를 넣고, 껍질을 함께 보관하여 하루 정도 냉장고에 숙성시킨다.
3. 2.와 겨자 소스를 7:1 비율로 섞는다.

어울리는 음식 : 생선 요리, 채소 요리

42 유자 된장 Citron Miso

주재료 및 부재료

흰 된장 100g, 달걀 노른자 1/2개, 미림 2t, 청주 2t, 유자 껍질 1/4개

조리방법

1. 유자 껍질은 강판에 잘 간다.
2. 모든 재료를 한데 섞는다.

어울리는 음식 : 채소 요리

43 유자 소금 Citron Salt

주재료 및 부재료

소금 2T, 유자가루 1/3t, 고춧가루 1/3t

조리방법

1. 팬에 소금을 넣고 중불에 볶는다.
2. 블렌더에 1과 모든 재료를 넣어 간다.

어울리는 음식 : 치킨 요리, 튀김 요리

44 유자 후추 Citron Pepper

주재료 및 부재료

간장 3T, 청주 3T, 유자 후추 2T

조리방법

1. 볼에 모든 재료를 넣고 고루 섞는다.

어울리는 음식 : 무침 요리, 샐러드, 채소 요리

45 장어 데리야키 Eel Teriyaki

주재료 및 부재료

장어뼈 3마리, 양파 1/2개, 대파 1/2개, 생강 1개, 간장 4T, 정종 4T, 통계피 1/2개, 월계수 잎 1장, 흑설탕 8T, 미림 50ml, 물 1C

조리방법

1. 장어뼈는 찬물에 3시간 동안 담가 피를 뺀다.
2. 양파, 대파, 생강은 거칠게 자른다.
3. 장어뼈도 여러번 헹군 후 물기를 제거하고 4등분 한다.
4. 석쇠에 장어뼈, 양파, 대파, 생강을 굽는다.
5. 냄비에 모든 재료를 넣고 약불로 양이 1/3이 될 때까지 졸인다.
6. 체에 거른다.

어울리는 음식 : 생선 요리, 해물 요리

46 참깨 Sesame

주재료 및 부재료

참깨 페이스트 1/3C, 국간장 2T, 미림 2T, 식초 2T, 맛국물 1/2C

조리방법

1. 냄비에 맛국물을 넣고 양이 1/4이 될 때까지 졸인다.
2. 냄비에 나머지 재료를 넣어 가며 잘 섞는다.

어울리는 음식 : 생선 요리, 채소 요리, 샤브샤브, 탕 요리

47 참치조림 Simmered Bluefin Tuna

주재료 및 부재료

청주 1/2C, 미림1T, 설탕 1T, 생강즙 1/2t, 간장 1T

조리방법

1. 냄비에 생강즙을 제외한 모든 재료를 넣고 중불에서 은근하게 끓인다.
2. 생강즙을 넣고 20분 정도 더 끓인다.

어울리는 음식 : 생선 요리, 조림 요리

48 치쿠젠니 Chikuzenni

주재료 및 부재료

설탕 1T, 미림 2T, 청주 2T, 간장 4T, 식용유 1T, 물 4T

조리방법

1. 팬에 식용유를 두른 후 청주를 넣어 알코올을 날린다.
2. 팬에 설탕을 넣고 녹인다.
3. 설탕이 녹으면 나머지 재료를 모두 넣고 졸인다.

어울리는 음식 : 생선 요리, 채소 요리, 조림 요리

49 카레 마요네즈 *Curry Mayonnaise*

주재료 및 부재료

마요네즈 1/2C, 양파 1/6개, 레몬즙 1t, 카레가루 2t

조리방법

1. 양파는 곱게 다진다.
2. 볼에 모든 재료를 넣고 고루 섞는다.

어울리는 음식 : 튀김 요리, 샐러드

50 카레 무침 *Seasoned Curry*

주재료 및 부재료

간장 3T, 설탕 2T, 카레 가루 1t

조리방법

1. 볼에 모든 재료를 넣고 고루 섞는다.

어울리는 음식 : 무침 요리, 샐러드, 채소 요리

51 쿠민 레몬 소금

Cumin and Lemon Salt

주재료 및 부재료

쿠민 씨앗 1t, 레몬 껍질 1/4개, 소금 3T

조리방법

1. 레몬 껍질은 강판에 간다.
2. 쿠민 씨앗은 살짝 으깬다.
3. 모든 재료를 한데 섞는다.

어울리는 음식 : 생선 요리, 튀김 요리

52 타임 참깨 소금

Thyme and Sesame Salt

주재료 및 부재료

참깨 1t, 건조 타임 2t, 소금 3T

조리방법

1. 참깨를 한 번 으깬다.
2. 모든 재료를 한데 섞는다.

어울리는 음식 : 조림 요리, 튀김 요리, 구이 요리

53 토마토 간장 *Tomato soy*

주재료 및 부재료

토마토 주스 1T, 간장 1/2T

조리방법

1. 모든 재료를 한데 섞는다.

어울리는 음식 : 치킨 요리, 튀김 요리

54 튀김장 *Tentsuyu*

주재료 및 부재료

맛국물 1/2C, 간장 1T, 미림 1T, 가쓰오부시 10g

조리방법

1. 냄비에 모든 재료를 넣어 중불에 끓인다.
2. 냄비가 끓으면 불을 끈 후 가쓰오부시를 넣는다.

어울리는 음식 : 생선 요리, 튀김 요리, 치킨 요리, 채소 요리

55 파 된장 시치미

Welsh Onion Miso Shichimi

주재료 및 부재료

달걀 1개, 된장 1t, 간장 1t, 흰 된장 1t, 파 1/6개

조리방법

1. 파는 잘게 다진다.
2. 볼에 달걀과 된장을 잘 섞는다.
3. 나머지 재료를 모두 넣어 섞는다.

어울리는 음식 : 밥 요리

56 표고버섯 간장

Lentinus Edodes Soy

주재료 및 부재료

간장 2T, 청주 2T, 미림 1/2t, 표고버섯 1개

조리방법

1. 표고버섯은 기둥을 제거하고 얇게 슬라이스한다.
2. 냄비에 모든 재료를 넣어 중불에 10분 정도 끓이면서 불순물을 제거한다.
3. 재료가 끓으면 약불로 줄여 1분 정도 더 끓인 후 불을 끈다.
4. 냉장고에 반나절 정도 숙성시킨다.

어울리는 음식 : 볶음 요리, 밥 요리

57 홍차 소금 *Black Tea Salt*

주재료 및 부재료

홍차 잎 1T, 소금 3T

조리방법

1. 팬에 소금을 넣고 중불에 살짝 볶는다.
2. 새로운 팬에 홍차잎을 넣고 중불에 살짝 볶는다.
3. 절구에 모두 넣어 잘 으깬다.
4. 모든 재료를 한데 섞는다.

어울리는 음식 : 튀김 요리, 치킨 요리, 아이스크림

58 후추 레몬 *Pepper and Lemon*

주재료 및 부재료

레몬즙 4T, 후추 1t, 소금 1/2t

조리방법

1. 모든 재료를 한데 섞는다.

어울리는 음식 : 샤브샤브, 탕 요리, 소고기 요리

한 식

01 고기 감자 된장

Meat Potato and Miso

주재료 및 부재료

맛국물 1C, 청주 2T, 설탕 2T, 된장 1T

조리방법

1. 냄비에 청주를 넣어 알코올을 날린다.
2. 냄비에 맛국물과 설탕, 된장을 넣고 된장을 잘 푼다.

어울리는 음식 : 소고기 요리, 돼지고기 요리

02 고기 감자 생강

Meat Potato and Ginger

주재료 및 부재료

맛국물 1C, 청주 2T, 설탕 2T, 생강 1/6개

조리방법

1. 생강은 깨끗이 손질한 후 껍질을 제거해 얇게 채 썬다.
2. 냄비에 청주를 넣어 알코올을 날려준다.
3. 냄비에 맛국물과 설탕, 생강을 넣고 끓인다.

어울리는 음식 : 소고기 요리, 돼지고기 요리

03 고기 감자 우유

Meat Potato and Milk

주재료 및 부재료

미림 2T, 청주 4T, 소금 1T, 우유 1.5C

조리방법

1. 냄비에 청주를 넣어 알코올을 날린다.
2. 냄비에 나머지 재료를 넣고 끓인다.

어울리는 음식 : 소고기 요리, 돼지고기 요리

04 구운 마늘 양념 Baked Garlic

주재료 및 부재료

통마늘 3개, 두유 100mL, 양파 1/6개, 꿀 2t, 올리브 오일 2T, 소금 2g

조리방법

1. 오븐을 130℃로 예열한다.
2. 통마늘은 껍질과 꼭지를 제거해 오븐에 10분 동안 굽는다.
3. 양파는 얇게 슬라이스한다.
4. 팬에 오일을 두른 후 양파를 볶아 마늘과 두유, 꿀을 넣어 약불에 10분 동안 끓인다.
5. 블렌더에 4.를 넣고 갈아 체로 거른다.

어울리는 음식 : 샐러드, 치킨 요리

한
식

05 국수 양념장 Noodle Marinade

주재료 및 부재료

진간장 1/2C, 다진 마늘 1T, 고춧가루 1T, 청양고추 1개, 물엿 1T, 매실 엑기스 1T, 깨소금 1T, 실파 2줄기

조리방법

1. 청양고추는 씨를 제거해 잘게 다진다.
2. 실파는 깨끗이 손질한 후 손으로 2cm 길이로 자른다.
3. 볼에 실파를 제외한 모든 재료를 넣어 반나절 정도 냉장 숙성시킨다.
4. 실파를 넣는다.

어울리는 음식 : 국수요리, 소고기 요리

06 다대기(양념장) Marinade

주재료 및 부재료

진미채 150g, 정종 2T, 양파 1개, 대파 1/2개, 다진 마늘 1/2C, 꽃소금 50g, 청양 고추 3개, 고춧가루 5T, 후추 2g, 고추기름 2T, 홍합 육수 2C

조리방법

1. 블렌더에 진미채를 넣어 간다.
2. 청양고추는 씨를 제거한다.
3. 블렌더에 청양고추, 양파, 대파를 넣어 간다.
4. 팬에 진미채를 넣어 중불에 5분 정도 볶다가 정종을 넣는다.
5. 팬에 고추기름을 넣고 볶다가 3.을 넣어 볶는다.
6. 팬에 고춧가루와 후추를 넣은 후 홍합육수를 넣어 중불에 20분 동안 저어가며 끓인다.
7. 반나절 정도 냉장 숙성시킨다.

어울리는 음식 : 소고기 요리, 돼지고기 요리, 채소 요리, 찌개 요리, 해물 요리

07 등갈비 양념 Back Ribs Spicy

주재료 및 부재료

양파 1/2개, 마늘 2쪽, 생강 1/6개, 발사믹 식초 3T, 토마토 케첩 3T, 유자청 3T, 진간장 2T, 에스프레소 100mL, 타임 3줄기, 오레가노 1T, 통깨 1/2T, 계핏가루 1/2T, 파인애플 1/8개, 정종 3T, 미림 3T

조리방법

1. 블렌더에 오레가노와 타임을 제외한 모든 재료를 넣고 간다.
2. 타임은 잎만 다져서 1., 오레가노와 함께 냄비에 끓여 식힌다.

어울리는 음식 : 소고기 요리, 돼지고기 요리

08 매운 고추 양념 Hot Pepper

주재료 및 부재료

청양고추 1개, 홍고추 1개, 진간장 2T, 마늘 1쪽, 식초 2T, 설탕 1T, 물 4T, 레몬 1개, 참기름 1T

조리방법

1. 레몬은 속살과 껍질을 분리한 뒤 속살은 즙을 내고 껍질은 얇게 채 썰어 다진다.
2. 청양고추와 홍고추는 씨를 제거한 후 곱게 다진다.
3. 마늘은 곱게 다진다.
4. 냄비에 진간장을 넣고 다진 레몬 껍질을 넣어 5분간 약불에서 끓인다.
5. 다진 레몬 껍질을 제거한 후 식힌다.
6. 볼에 진간장과 설탕, 물을 넣고 설탕을 녹인다.
7. 나머지 재료를 모두 넣어 섞는다.

어울리는 음식 : 소고기 요리, 돼지고기 요리, 튀김 요리

09 매운 돼지갈비찜 양념

Hot Smothered Pork Ribs Spicy

주재료 및 부재료

다진 마늘 2T, 대파 1/5개, 생강 2개, 청양고추 1개, 고춧가루 3T, 양파 2개, 파인애플 1/4개, 간장 3T, 육수 1C, 정종 50mL, 미림 50mL, 참기름 2T, 통깨 1T, 설탕 3T

조리방법

1. 생강은 깨끗이 손질하고 껍질을 제거한다.
2. 청양고추는 씨를 제거한다.
3. 블렌더에 모든 재료를 넣어 간다.
4. 하루 정도 냉장 숙성한다.

어울리는 음식 : 소고기 요리, 돼지고기 요리

10 방어 무조림 양념

Seriola quinqueradialalar Simmered Beet

주재료 및 부재료

맛국물 1C, 청주 4T, 미림 2T, 간장 2T, 설당 2t, 생강 1/6개

조리방법

1. 생강은 깨끗이 손질한 후 껍질을 제거해 강판에 간다.
2. 냄비에 청주를 넣어 알코올을 날린다.
3. 냄비에 나머지 재료를 모두 넣고 끓인다.

어울리는 음식 : 생선 요리

11 복분자 소스

주재료 및 부재료

포트 와인 200mL, 복분자 200mL, 말린 타임 1t, 월계수잎 1장, 꿀 1T, 소금 2g, 후추 2g

조리방법

1. 냄비에 와인을 넣고 강불에서 알코올을 날린다.
2. 냄비에 타임과 월계수 잎, 복분자를 넣고 중불에서 양이 자작해 질 때 까지 졸인다.
3. 냄비에 월계수 잎을 건진 후 나머지 재료를 블랜더에 갈아 체에 거른다.
4. 3을 다시 팬에 담아 꿀, 소금. 후추로 간한다.

어울리는 음식 : 소고기 요리, 돼지고기 요리

12 불고기 양념 Bulgogi Spicy

주재료 및 부재료

유자청 2T, 배즙 1T, 간장 2T, 대파 1/5개, 양파 1/4개, 다진 마늘 2T, 통깨 1T, 후추 2t, 정종 1T, 미림 1T

조리방법

1. 블렌더에 모든 음식을 넣고 간다.

어울리는 음식 : 소고기 요리, 돼지고기 요리

13 비빔냉면 양념

Bibim Naengmyeon Spicy

주재료 및 부재료

배 1/2개, 양파 1개, 대파 1개, 다진 마늘 2t, 다진 생강 1t, 진간장 1C, 청주 100mL, 설탕 100g, 유자청 3T, 물엿 1/2C, 고운 고춧가루 200g, 참기름 2t, 후추 1t, 소 금 2g, 참깨 2g

조리방법

1. 배와 양파는 껍질을 제거하고 깨끗이 손질한 후 투박하게 자른다.
2. 블렌더에 청주를 넣고 배와, 대파, 양파, 유자청, 간장을 넣고 곱게 간다.
3. 볼에 2.를 넣고 설탕과 물엿을 넣어 녹인다.
4. 소금과 참깨로 간한 후 냉장고에 2일 정도 숙성시킨다.

어울리는 음식 : 소고기 요리, 면 요리

14 비빔밥 양념 Bibimbab Spicy

주재료 및 부재료

고추장 1/2C, 올리브 오일 2t, 다진 마늘 1t, 다진 쇠고기 50g, 양파1/4개, 배 1/4개, 물엿 1T, 설탕 2t, 간장 3T, 맛술 1T, 후추 2g, 통깨 1t, 참기름 2t

조리방법

1. 배는 껍질과 씨를 제거한 후 강판에 간다.
2. 양파는 잘게 다진 후 찬물에 담가 매운맛을 제거한 후 거즈에 담아 물기를 제거한다.
3. 그릇에 배와 고추장을 넣고 섞는다.
4. 다진 쇠고기는 마늘, 양파, 맛술, 설탕, 간장을 넣고 버무린 후 30분 정도 숙성시킨다.
5. 팬에 오일을 두른 후 쇠고기를 넣고 볶아 반 정도 익으면 고추장을 넣어 약불에서 5분 정도 볶는다.
6. 참기름을 넣고 냉장고에서 하루 동안 숙성시킨다.

어울리는 음식 : 밥 요리, 쌀 요리

한
식

15 생강 된장 Ginger Miso

주재료 및 부재료

맛국물 4T, 된장 3T, 설탕 2t, 간장 1t, 생강즙 1t

조리방법

1. 냄비에 맛국물과 설탕을 넣고 녹인다.
2. 냄비에 된장을 넣어 풀어준 후 불을 끈다.
3. 생강즙을 넣는다.

어울리는 음식 : 쌀 요리, 채소 요리

16 생선 조림 양념 Simmered Fish

주재료 및 부재료

진간장 100mL, 물 1/2C, 물엿 2T, 미림 2T, 굵은 고춧가루 1T, 고추장 2t, 정종 2t, 참기름 1t, 다진 생강 1/2t, 다진 마늘 2t, 양파 1/6개, 설탕 2t

조리방법

1. 양파는 깨끗이 손질한다.
2. 블렌더에 모든 재료를 넣고 간다.
3. 하루 정도 냉장고에 넣어 숙성시킨다.

어울리는 음식 : 생선 요리, 조림 요리, 볶음요리

17 소갈비찜 양념

Smothered Ribs Spicy

주재료 및 부재료

간장 50mL, 정종 2T, 배즙 3T, 양파 1/2개, 대파 1/2개, 올리고당 2T, 설탕 1T, 마늘 1쪽, 다진 생강 1/4t, 매실액 1T, 인삼 1/2개, 물 1C, 후추 1t

조리방법

1. 블렌더에 모든 재료를 넣고 곱게 간다.

어울리는 음식 : 소고기 요리, 돼지고기 요리

주재료 및 부재료

간장 1T, 설탕 1/2T, 청주 1T

조리방법

1. 모든 재료를 고루 섞는다.

어울리는 음식 : 소고기 요리, 돼지고기 요리

19 오삼 불고기 양념

Osam Bulgogi Spicy

주재료 및 부재료

고춧가루 2T, 고추장 1T, 간장 1T, 설탕 1T, 물엿 1T, 미림 1C, 식용유 1T, 다진 마늘 1T

조리방법

1. 볼에 모든 재료를 넣고 거품기를 이용해 빠르게 섞는다.

어울리는 음식 : 소고기 요리, 돼지고기 요리

20 육회 양념 *Beef Tartare Spicy*

주재료 및 부재료

진간장 1/2C, 콘소메 1/2C, 소금 1T, 꿀 1/2C, 설탕 3T, 미림 3T, 참깨 페이스트 1T, 후추 1/2t, 참기름 1T

조리방법

1. 냄비에 모든 양념을 넣고 저어 가며 설탕이 녹을 때까지 중불에 끓인다.
2. 냉장고에 하루 정도 숙성시킨다.

어울리는 음식 : 소고기 요리, 돼지고기 요리

한
식

21 장어 고추장 양념

Eel Gochujang Spicy

주재료 및 부재료

간장 3T, 올리고당 2T, 계핏가루 1t, 설탕 1T, 맛술 1T, 고추장 1T, 고춧가루 2T, 다진 마늘 1T, 다진 생강 1t, 대파 1/2개, 양파 1개, 참기름 1T

조리방법

1. 블렌더에 모든 재료를 넣고 간다.
2. 냄비에 1.을 담아 양이 1/3이 되도록 약불에 졸인다.
3. 하루 정도 냉장 숙성시킨다.

어울리는 음식 : 생선 요리

22 짜장 Jjajang

주재료 및 부재료

춘장 1/2C, 올리브오일 100mL, 양파 1개, 감자 1개, 양배추 1/4개, 돼지고기 100g, 정종 1T, 다진 마늘 1T, 애호박 1/3개, 표고버섯 2개, 설탕 3T, 소금 2g, 후추 2g, 닭 육수 100mL

조리방법

1. 양파와 감자는 깨끗이 손질해 껍질을 제거한 후 2cm 크기 주사위 모양으로 자른다.
2. 표고버섯은 기둥을 제거한 후 돼지고기와 애호박과 같이 1과 같은 크기로 자른다.
3. 팬에 오일을 넣고 춘장을 넣어 약불에서 10분 동안 빠르게 풀어 가며 볶는다.
4. 새로운 팬에 오일을 두른 후 양파와 돼지고기, 마늘, 감자, 애호박, 표고버섯을 넣고 볶는다.
5. 4.에 정종을 넣어 볶은 후 볶은 춘장과 설탕, 후추를 넣어 잘 섞는다.
6. 5.에 치킨 육수를 부어 채소가 익을 때까지 끓인 후 소금으로 간한다.

어울리는 음식 : 면 요리, 밥 요리

한식

23 초된장 Vinegar Miso

주재료 및 부재료

된장 3T, 마늘 2쪽, 실파 3줄기, 고추(청, 홍)2개, 식초 2T, 깨소금 1t, 참기름 1t, 물 1T

조리방법

1. 고추는 씨와 꼭지를 제거해 곱게 다진다.
2. 마늘은 곱게 다진다.
3. 팬에 물을 넣고 된장을 넣어 중불에 잘 푼다.
4. 팬에 모든 재료를 넣고 잘 끓인다.

어울리는 음식 : 생선 요리, 해물 요리

24 초 고추장 Vinegar Gochujang

주재료 및 부재료

고추장 1C, 다진 마늘 1T, 식초 5T, 청주 2T, 양파즙 1T, 사과즙 1T, 사이다 2T, 물 엿 1T, 설탕 3T, 참깨 1T

조리방법

1. 모든 재료를 섞는다.
2. 냉장고에 2일 정도 숙성시킨다.

어울리는 음식 : 나물 요리, 밥 요리, 생선 요리

한식

25 회냉면 양념

Cold Noodles with Raw Fish Spicy

주재료 및 부재료

자른 홍어 500g, 사이다 3C, 고춧가루 1/2C, 진간장 1T, 다진마늘 2T, 실파 50g, 미나리 50g, 설탕 5T, 식초 4T, 물엿 100g, 참깨 1T

조리방법

1. 홍어는 체에 밭쳐 흐르는 물에 두세 번 정도 헹군다.
2. 홍어에 사이다를 부어 살짝 비빈 후 2시간 동안 냉장 숙성시킨다.
3. 실파, 미나리는 깨끗이 손질한 후 잘게 다진다.
4. 2.는 사이다를 버리고 물엿, 식초, 간장, 설탕, 고춧가루를 넣어 고루 섞는다.
5. 나머지 재료를 모두 섞어 냉장고에 2일 정도 숙성시킨다.

어울리는 음식 : 생선 요리, 면 요리

중식

중식

01 고추기름 Red Pepper Oil

주재료 및 부재료

고춧가루 3T, 참기름 9T, 으깬 산초 20알

조리방법

1. 팬에 참기름을 넣고 강불로 팬을 달궈준다.
2. 팬에 산초를 넣고 2분정도 볶는다.
3. 팬에 고춧가루를 넣고 재빨리 볶아 고추기름을 낸 후 불을 끈다.

어울리는 음식 : 해물 요리, 돼지 요리, 중화 요리

02 산라탕 소스

Hot and Sour Soup

주재료 및 부재료

닭고기 육수 2C, 청주 1/2T, 간장 1/2T, 소금 1/4t, 후추 1/4t, 물전분 4T, 식초 2T, 고추기름 1/2t

조리방법

1. 냄비에 고추기름을 볶는다.
2. 냄비에 물전분을 제외한 모든 재료를 넣어 강불에 끓인다.
3. 냄비가 끓어오르면 물전분으로 농도를 맞춘다.

어울리는 음식 : 해물 요리, 탕 요리, 중화 요리

중식

03 유린기 소스

Fried Chicken with Sour Soy

주재료 및 부재료

대파 1/4개, 청양고추 2개, 홍고추 2개, 마늘 1쪽, 생강 1/8개, 정종 1C, 간장 3T, 레몬주스 1T, 설탕 3T, 참기름 1T

조리방법

1. 대파는 깨끗이 손질할 후 곱게 다진다.
2. 청양고추와 홍고추는 씨를 제거한 후 송송 썬다.
3. 볼에 모든 재료를 넣고 냉장고에서 반나절 동안 숙성시킨다.

어울리는 음식 : 해물 요리, 찜 요리, 샤브샤브

04 중화 소스 Chinese Sauce

주재료 및 부재료

간장 2T, 굴소스 2T, 치킨파우더 1/2T, 식초 1/2T, 참기름 1/2T, 으깬 참깨 1T, 두 반장 1/2t, 생강즙 1/2t, 마늘즙 1/2t

조리방법

1. 볼에 모든 재료를 고루 섞는다.

어울리는 음식 : 해물 요리, 채소 요리, 중화 요리

05 중화식 데리야키

Chinese Style Teriyaki

주재료 및 부재료

간장 1T, 사오싱주 1T, 설탕 1T

조리방법

1. 모든 재료를 고루 섞는다.

어울리는 음식 : 소고기 요리, 돼지 요리

06 중화식 소보로 소스

Chinese Style Soboro

주재료 및 부재료

생강 1/4개, 설탕 2T, 사오싱주 2T, 간장 3T

조리방법

1. 생강은 껍질을 제거한 후 곱게 다져 즙을 낸다.
2. 냄비에 모든 재료를 넣어 중불에서 끓인다.

어울리는 음식 : 소고기 요리, 돼지 요리, 중화 요리

중식

07 중화풍 스테이크 소스

Chinese Method Steak Sauce

주재료 및 부재료

식용유 1T, 양파 1/2개, 표고버섯 2개, 고추마늘 소스 1t, 굴 소스 2T, 고추기름 1T, 두반장 1T, 치킨 육수 1C, 물전분 1t, 후추 2g

조리방법

1. 양파와 표고버섯은 얇게 채 썬다.
2. 볼에 굴소스와 두반장, 고추마늘 소스를 넣고 섞는다.
3. 팬에 식용유를 두른 후 표고버섯과 양파를 볶는다.
4. 후추와 고추기름을 넣어 함께 볶는다.
5. 팬에 2를 넣어 볶는다.
6. 팬에 치킨 육수를 넣어 끓인 후 물전분으로 농도를 맞춘다.

어울리는 음식 : 해물 요리, 볶음 요리, 중화 요리

중식

08 엑스오 XO

주재료 및 부재료

XO 소스 1T, 생강 5g, 청주 2t, 간장 2t, 닭고기 육수 2T, 전분가루 1/2T, 소금 2g, 참기름 1T

조리방법

1. 생강은 깨끗이 손질한 후 껍질을 제거하고 곱게 다진다.
2. 냄비에 전분 가루를 제외한 모든 재료를 넣고 중불에 끓인다.
3. 전분가루에 물 1T을 넣고 물전분을 만든다.
4. 냄비에 물전분을 넣어 농도를 조절한다.

어울리는 음식 : 해물 요리, 돼지 요리

참고 문헌

- 안충훈·조원기, "맛있는 소스백과", 예신, 2018.
- 주부의벗사, "568 조미료·소스·양념 대백과", 한스미디어, 2013.
- j.kenji Lopez–Alt, "더 푸드랩(The Food Lab)", 영진닷컴, 2017.

세계의 소스 Sauces

2019년 4월 25일 초판 인쇄
2019년 5월 1일 초판 발행

저 자 양향자 · 한임자 · 전윤자 · 강계숙
지영스님 · 마은희 · 배명순

발행인 주병오 · 주민기

발행처 ㈜지구문화
JIGU CULTURE Co.Ltd

주 소 경기도 파주시 회동길 209
파주출판문화도시
영업팀 (031)955－7566 · 7577
편집디자인팀 (031)955－7731
FAX (031)955－7730
홈페이지 www.ji-gu.co.kr
전자우편 jigupub@hanmail.net
등록번호 1979년 7월 13일 제 9－57호

ISBN 978-89-7006-857-2 값 24,000원